新雅
名人館

···抗金英雄···
岳飛

編著 饒遠

新雅文化事業有限公司
www.sunya.com.hk

新雅 • 名人館

抗金英雄 **岳飛**

編　　著：饒遠
內文插圖：李祥
封面繪圖：李成宇
策　　劃：甄艷慈
責任編輯：張可靜
美術設計：何宙樺
出　　版：新雅文化事業有限公司
　　　　　香港英皇道499號北角工業大廈18樓
　　　　　電話：（852）2138 7998
　　　　　傳真：（852）2597 4003
　　　　　網址：http://www.sunya.com.hk
　　　　　電郵：marketing@sunya.com.hk
發　　行：香港聯合書刊物流有限公司
　　　　　香港荃灣德士古道220-248號荃灣工業中心16樓
　　　　　電話：（852）2150 2100
　　　　　傳真：（852）2407 3062
　　　　　電郵：info@suplogistics.com.hk
印　　刷：中華商務彩色印刷有限公司
　　　　　香港新界大埔汀麗路 36 號
版　　次：二〇一七年五月二版
　　　　　二〇二四年一月第三次印刷

ISBN: 978-962-08-6803-0

前言

　　岳飛是我國著名的抗金英雄。他於公元 1103 年（宋徽宗崇寧二年）出生在相州湯陰（今河南安陽湯陰縣）一個普通的農民家庭裏。

　　岳飛小時候就聰明好學，喜歡讀書，苦練武藝，在家鄉一帶成了小有名氣的文武雙全的好少年。岳飛十九歲時見金兵入侵中原，便加入抗擊金兵的隊伍。年過六十的母親姚氏，非常支持岳飛抗金愛國的行動，特意在他的背上刺了「精忠報國」四個大字。這四個大字成了岳飛一生的行動準則。

　　公元 1129 年（建炎三年），金兵大舉南下，侵佔了中原大片土地，直逼杭州，宋高宗和文武百官慌忙逃到海上。岳飛帶兵進駐宜興，組建了紀律嚴明的「岳家軍」。岳飛帶領岳家軍拚死抵抗，以幾千人的兵力，將金朝十萬大軍驅趕到長江以北，收復了建康（今南京）。

　　公元 1134 年（紹興四年），岳飛帶領三萬岳家軍渡過長江，收復湖北、河南大片失地。

　　三十一歲的岳飛被任命為節度使，面對滔滔長江，吟出了悲壯的著名詞作《滿江紅》。

公元1136年（紹興六年），岳飛為了擴大戰果，再次北伐中原，雄心勃勃地馳騁在河南、陝西一帶，決心「直搗黃龍府」，打敗金兵，收復河山。

正當岳飛準備攻佔開封的時候，一心想向金兵求和的宋高宗和秦檜，一日之內連發十二道金牌，命令岳飛「班師」南回。岳飛接到金牌後，悲憤地說：「十年之功，毀於一旦！」

岳飛堅決抗金復國的態度，招致宋高宗和宰相秦檜的仇恨和迫害。秦檜四處羅織岳飛的罪名，最後竟以「莫須有」（也許有）的罪名處死了年僅三十九歲的岳飛。

岳飛被害後，愛國將士和廣大群眾無不痛罵賣國求榮的秦檜，同時歌頌愛國抗戰的岳飛。

岳飛對國家、對民族的忠貞熱忱，反抗民族壓迫的意志，精忠報國的決心，以及威武不屈的精神，使他一直受到後世炎黃子孫的景仰與愛戴。

目錄

一 從小學文習武

黃河水滔滔，奔騰向東流。在黃河的北岸，相州湯陰縣有一個普通農家。這一天，從房間裏突然傳出「哇哇哇」的嬰兒哭叫聲，房主岳和是個中年男子，他聽到哭聲，高興得直搓手：「我做父親了！」這時，剛好有一隻大鳥從他家的屋頂飛過，他抬頭一望，是一隻巨大的蒼鷹。岳和靈機一動，拍手說：「有了，這孩子就叫『飛』，願他長大之後像蒼鷹一樣高高飛翔。對，以後他的字就叫『鵬舉』。」

這一年是公元1103年，北宋徽宗崇寧二年夏曆二月十五日，岳飛來到了人間。不幸的是，他出生不到一個月便遇到了大洪水。

洪水沖缺了黃河堤壩，把河北平原變成了一片汪洋。洶湧澎湃的洪水淹沒了農田、村莊，到處都是逃難的人。

岳飛的母親姚氏眼見洪水快將淹沒屋舍，緊緊抱着出生不久的岳飛不知如何是好。就在極度慌亂的時候，她忽然見到家中有一個大水缸，便連

知識門

字：
據人名中的字義，另取的別名叫「字」。

北宋：
朝代，公元 960 — 1127 年，都城汴京（今河南開封）。

6

忙抱着小岳飛跳進水缸中。大水缸隨着洪水漂流，漂呀漂，經過了幾天幾夜，一直漂到了一處高崗旁。聚集在高崗上的人們，發現有哭聲從大水缸裏傳出來，便截住了大水缸，把岳飛母子救上了岸。

有位有錢人叫王明，心腸很好，就把岳夫人和岳飛帶回了家中。王夫人叫人收拾了一個房間讓他們住下，還立即派人去打聽岳和的下落。經過多方查訪，都沒有岳和的消息，從此岳夫人和岳飛就在王家住了下來。

「天災」帶來的困難還可以慢慢克服，「人禍」卻使百姓生活在水深火熱之中。當時的皇帝是極其昏庸的宋徽宗趙佶，他整天過着**驕奢淫逸**[①]的生活，根本不理國家大事。朝政便由幾個奸臣把持，他們任意剝削百姓，**中飽私囊**[②]，老百姓忍無可忍。為了生存，百姓們只好紛紛起義。

岳飛在這種環境下度過了童年，他看見了一幕幕驚心動魄的情景：

在宋朝北部有個遼國，是由北方的**契丹族**建立的，他們經常入侵中原，騷擾中原百姓。而宋朝的君臣卻對他們十分害怕，不斷割地、賠款

知識門

契丹族：

中國古代民族，是東胡的一支，在今遼河上游西剌木倫河一帶。

[①] **驕奢淫逸**：形容生活放縱奢侈，荒淫無度。
[②] **中飽私囊**：擅自拿取公款，以不正當的方法圖利。

以求暫時的安寧。岳飛的家鄉正好處在北宋首都開封到遼國首都燕京的必經之路上，遼國的入侵和北宋把金銀絹帛運到遼國的種種情景，小岳飛都看在眼裏。他想不通：為什麼遼國的人要經常到宋朝的地方騷擾，而宋朝的官員為什麼要不斷地送東西給他們？

貧窮，使小小的岳飛終年不斷地參加繁重的農業勞動，養成了吃苦耐勞的品德。他聰明好學，但沒錢上學，只好向村裏有文化的人請教。白天，他為家裏幹活；晚上，便在燈下讀書。經過刻苦自學，他不僅能讀《左傳》、《孫子兵法》等書，還為日後能寫詩、填詞、作文和書法打下了堅實的基礎。

岳飛長得很健壯，臂力驚人。他最喜歡跟小伙伴們一起耍槍弄棒。聽說鄰村有個叫周侗的人，曾是朝廷中的弓箭手，射擊目標總是百發百中，在這一帶很有名氣，岳飛便決心去找周侗拜師學藝。

有一天，岳飛找到了周侗，説：「周先生，我能拜您為師嗎？」

周侗望了一眼岳飛，説：「你只是個十幾歲的孩子，射箭要拉弓，你有力氣嗎？你拉這個小弓試試。」

知識門

《左傳》：
春秋時代的一部史書，由魯國史官左丘明所寫，與《公羊傳》、《穀梁傳》合稱「春秋三傳」。

《孫子兵法》：
春秋時代的一部兵書，由齊國人孫武所寫，被視為中國兵法經典。

説着，把一把小弓遞給岳飛。

岳飛左手握弓，右手一拉就拉開了小弓。周侗很吃驚，見他小小年紀就這麼有勁，連忙説：「你試試這把大弓，怎麼樣？」

岳飛拿起大弓掂了掂，兩手一使勁，把大弓拉了個滿弓。周侗含笑點點頭，讚道：「小兄弟的力氣果然很大。」

接着，岳飛手執周侗遞來的一把更大的弓，屏住氣，收收腹，大喝一聲「喲！」把大弓也拉開了。

周侗瞪大了眼睛，説：「這張弓的勁比剛才的弓大一倍，沒有提得起三百斤的力氣，別想拉動它。小兄弟，我收下你這個徒弟了！」

岳飛馬上向周侗下拜：「多謝師傅。」

就這樣，周侗每天教岳飛射箭技術，岳飛專心學習，勤學苦練，把射箭的全套本領都學會了。

周侗的箭術是周圍出了名的，大家都想親眼看看他如何射箭。有一天，周侗來到村外大坪，把箭靶掛在一棵大樹上，周侗對着箭靶連發三箭，全部射中靶心，來看他表演的人都齊聲喝彩：「真是神箭手！」

周侗隨即把岳飛叫來，説：「岳飛，你也來射幾箭，看看你的技術長進了多少。」

岳飛接過周侗那把沉重的硬弓，説：「師傅，你給我一枝箭。」接過箭，岳飛拉開弓，向着靶心瞄準，

「嗖」的一聲，箭離弓，向着插在靶心的箭杆射去，岳飛射出的箭不偏不倚，正好射中周侗射在靶心上的箭杆尾端，把那枝箭劈開了。

看熱鬧的人大聲驚叫起來：「神箭！神箭手呀！」

周侗更是高興，兩手抓住岳飛的肩膀，激動地說：「徒兒，你真是青出於藍而勝於藍了！」

岳飛兩手相拱，向周侗深深一拜，說：「師傅，謝謝您的教導。」

周侗把自己心愛的弓遞給岳飛，說：「這張弓是我平生最愛的寶物，我把它送給你，希望你以後多多練習，將來必定大有作為。」

岳飛雙手接過弓，含着淚水，對周侗點點頭，說：「我一定不會辜負師傅的期望。」

在跟周侗學射箭術的同時，岳飛還聽說有一個叫陳廣的刀槍手，長長短短的兵器都耍得不錯，搏擊本領特別強。岳飛便又去找他學習各種兵器搏擊技術。早練晚練，從不間斷，練得大汗淋漓也從不叫苦。經過一段時間的刻苦磨練，在湯陰縣裏竟沒有人比得上他，人們都稱岳飛為「無敵刀槍手」。

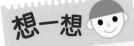

想一想

1. 岳和為什麼給自己的孩子取名叫「岳飛」？

2. 岳飛的射箭和刀槍技術是跟誰學的？

二 投身抗金隊伍

宋朝的北方是遼國，在遼國的東北方是由**女真族**新建立起的金國。他們剛建立就聲勢浩大地南下攻打遼國，很快就控制了**遼東半島**，與宋朝的山東半島只隔一道海灣。

北宋朝廷知道遼國的千里防線被金人突破後，便想與金國聯合起來，一起對付遼國，於是派出使者渡海與金人會談，訂立盟約。盟約規定：宋金兩國共同夾擊遼國，消滅遼國後，長城以北的土地歸金國，長城以南的土地歸宋朝。過去宋朝奉送給遼國的金銀絹帛也轉送給金國。

這時，岳飛已經十五歲，跟一個姓劉的農家女子結了婚。第二年便生下了日後叱吒風雲的小將岳雲。

年輕的岳飛眼看家中人口增多，生活艱難，便離家外出打工，掙錢養家。他給富人當**莊客**，在鎮上當弓手。

有一天，岳飛聽說朝廷徵募攻打

知識門

女真族：
中國古代民族，滿族的祖先，居住在今吉林和黑龍江一帶。

遼東半島：
遼河以東的地區，就是遼寧的東部和南部。

莊客：
鄉間大戶富有人家所僱用的工人、雜役。

遼國的士兵，他忙問知情人：「哪裏在招兵？」

知情人説：「我看見相州城裏貼有招兵榜，你快去看看。」

岳飛來到相州招兵站，看見有許多人來報名投軍。主持招兵的知府劉格見岳飛英姿勃勃，高大威猛，便走過來，問：「年輕人，你是來報名參軍的嗎？」

岳飛回答：「是呀，聽説要去攻打遼國，我就來報名了。」

劉格問：「你會什麼武藝呀？」

岳飛説：「射箭、短刀、長槍都會，還請大人指點。」

劉格望着岳飛哈哈大笑，心裏卻在懷疑，一個年輕人竟敢誇海口説自己什麼都會，便説：「都會呀？來，給你一枝長槍試試。」

岳飛接過長槍，掂了掂，説：「好槍，不過輕了點。」説着便舞了起來。這時，來報名的人都圍攏來觀看，只見那槍上下飛舞，就像一條銀蛇在游動，漸漸地大家看得入了神，情不自禁地讚道：

「真厲害，好像蛟龍出海。」

「那氣勢不錯，像風捲波濤。」

岳飛舞了幾個回合後便收了式，持着長槍走到劉格面前，説：「請大人指教。」

知識門

招兵榜：
指招兵的文告。

劉格見了早已心中歡喜，高興地拍拍他的肩膀，笑着說：「看不出老百姓當中還有這樣的高手，我現在就收下你，並讓你做小隊長。以後在作戰中立了功，我會再提拔你。」

當時相州城有一羣山賊，他們以賈進和陶俊為首，他們燒殺劫掠，給當地帶來了極大的危害。劉格擔心他們與金兵勾結，便召來岳飛，問他有沒有破敵的辦法。

岳飛想了想說：「剿滅這些山賊並不難，得用計謀來取勝。」

岳飛分析了山賊的情況後，決定採用裏應外合的計謀。他挑選了三十多名士兵，讓他們扮作土匪打進賊巢裏去，取得賊首的信任。

果真，這些士兵因為個個武藝高強，賊首見了很喜歡，對他們很信任。

岳飛知道時機成熟了，帶了二百多名士兵，向賊巢撲去。他將百多名士兵，先埋伏在山林中，自己只帶八十名騎兵向山賊的寨子撲去。官兵如天神降臨，山賊完全沒有預料到，正在飲酒作樂的賈進和陶俊嚇了一跳，又驚又怒，急忙領着羣賊蜂擁而出，他們見來的官兵不過百人，頓時膽大氣粗了，大聲喊叫着，揮舞着兵器，聲勢非常兇猛。

岳飛假裝敵不過，邊打邊退，還不時地向山賊射

箭，山賊倒地不少，更加惱怒了，他們狂怒地咒罵着，拚命追趕官兵。

岳飛一見山賊們已追到山下，便發出一聲信號，頓時，早已埋伏好的士兵們像潮水一樣從兩邊殺來，這時候天色昏黑，賊首見到伏兵，心裏慌張，不知道官兵到底有多少，正要下令撤兵，就見岳飛已騎着馬向他衝來。

賈進見了他怒火中燒，一晃手中的鋼刀，就要衝上去。忽然聽到背後傳來「哎喲」的喊叫聲，原來自己內部已相互打成一團，陶俊也被捉了。賈進一想糟了，對方果然厲害，自己手下不知有多少官兵的內應，心裏一慌，就被岳飛打落下馬來，也被活捉了。

山賊們一見首領都被捉了，嚇得紛紛逃散，岳飛連忙叫住他們，得知他們大多都是平民百姓，因為常年打仗，吃穿沒有着落，只好成為山賊後，便有意放了他們。

部將説：「放了他們，他們無錢無糧，照樣還會打家劫舍，再説這事得稟報長官後，才好作主。」

岳飛説：「現今朝廷對山賊並不放心，多數人投降後都會被殺，他們都是有妻有子的老百姓，不是迫不得已誰願去當賊？不如先放了他們，如果長官責怪，就責怪我一人吧。至於無錢無糧這不是問題，賈進、陶俊這些年搶了不少錢財，肯定都在莊上放着，你們去清點清楚，從中撥出一些分給他們，所付錢兩一一記在簿上，

不得懈怠。」

岳飛回到軍營，劉格非常高興，不久就報上朝廷，給岳飛升了官。

岳飛初次從軍，就表現了非凡的軍事指揮才能，並得到了眾官兵的信任。

不久，金兵在攻打燕京城，劉格便對岳飛說：「你帶着敢戰士趕到燕京城去吧！」

「到燕京城去？」岳飛想起在家鄉時，曾聽父老一輩說過：燕京城（今北京市）是遼國的都城，都城周圍一大片土地，原來是漢朝、唐朝的疆土，後來被一個叫做石敬塘的賣國賊割讓給了遼國。想到這裏，岳飛便說：「我一定要把這大片土地收回來！」

岳飛帶着他的敢戰士，急匆匆趕到燕京城外時，便聽到消息說：遼國的主力部隊到了東北，跟金國的軍隊打仗去了，沒有多少兵馬防守燕京城，宋軍的先頭部隊已經攻破城門衝了進去。

岳飛跟敢戰士們說：「城裏兵馬不多，這正是我們進城殺敵的好機會。大家準備衝啊！」

有個敢戰士突然指着城門那邊說：「隊長，你看，我們的宋軍怎麼都往城外湧過去了！」

岳飛一看，果然是宋兵你追我趕地逃跑，一邊跑還一邊大聲喊：「快跑，遼國的兵馬追上來了！」

　　岳飛呆愣愣地望着向城外敗退的宋兵，只見他們一個個丟盔棄甲，你推我我踏你，爭相逃命。正在城外集結，準備向城裏衝鋒的宋兵弄不清情況，也掉頭跟着拚命逃跑，人踩人，馬踏人，死傷無數，連許多武器也丟了。

　　岳飛一時還不清楚怎麼回事，他帶來的敢戰士，這時也夾在逃跑的大軍中，消失得無影無蹤，一個也找不到了。岳飛歎息一聲，說：「宋軍就這樣不堪一擊嗎？我的第一次從軍生涯難道就這樣狼狼地完結了嗎？」

　　更使岳飛難以理解的是：這次因為宋軍敗退，不僅沒有打敗遼軍，還讓金國的軍隊越過了長城，一直打到了燕京。

　　岳飛從燕京退出來不久，便回家照顧母親。

　　北宋朝廷見遼國被金兵打敗，便從金國手上用重金把燕京買了回來，還大設宴席慶祝這個勝利。

　　正當宋朝君臣沉浸在「勝利」的氣氛中時，金國的統治者已經派出大軍分東西兩路向宋朝的領土進犯了。

　　「金國大軍南下了」的消息，把當時的皇帝宋徽宗趙佶嚇得渾身顫抖，他急急忙忙把帝位傳給他的兒子趙桓，自稱太上皇，帶上他的**寵臣**[①]逃到南方去了。

　　趙桓就是宋欽宗，他改年號為「靖康」。宋欽宗是一個昏庸無能的皇帝。

[①] **寵臣**：受到皇帝寵信的大臣。

　　靖康初年，金兵大舉進攻，攻陷了宋朝京都開封，把開封洗劫一空，擄走了皇帝宋欽宗和他的父親宋徽宗以及大量珍寶。這就是歷史上的靖康之恥。

　　岳飛聽到這一驚人消息，痛心疾首，憤然説：「皇帝被俘，皇宮被洗劫一空，這是我們宋朝人的奇恥大辱，我一定要用我的生命洗雪這個『靖康之恥』！」

　　金兵很快大舉南下，宋朝國土將再一次受到侵犯，百姓又將被金兵的鐵蹄踐踏。岳飛再也不能忍受了，他再一次離開家鄉，重新投軍返回軍營，以便抗擊來犯金兵。

　　返回軍營後，長官對岳飛説：「現在金兵的西路大軍正圍攻太原，你去太原府的壽陽縣和榆次縣一帶偵察，摸清敵人的情況後回來向我報告，以便進行部署。」

　　岳飛領命後帶着一百多名騎兵向金兵營地出發。走到半路時，遇到二百多人的金軍巡邏騎兵，只見他們個個騎着高頭大馬，身穿鐵甲，頭戴鐵盔，露出一雙雙兇狠的眼睛。

　　岳飛見金兵就在前面，已無法躲避，便大聲對官兵們説：「狹路相逢勇者勝。大家跟着我衝過去！」説罷，右手長槍，左手大刀，一聲大喝，將坐下快馬一夾，就往敵人陣營衝去，手中兵器上下翻飛，一刀就將

帶頭的一名金兵砍倒在地。金兵只擅長用弓箭遠距離射殺，使用刀槍近戰遠不如岳飛的兵馬。再加上看到岳飛來勢兇勇，敵兵見了一陣大亂，慌了手腳。岳飛的騎兵見岳飛如此勇猛也就不顧一切地向金兵衝殺。金兵損失了幾十個人，被打得狼狽逃竄。

岳飛又連忙對士兵們說：「大家動作快些，趕緊換上金兵的鎧甲，好混入金兵營地偵察。」

士兵們便剝下金兵的鎧甲和頭盔。突然，一個受傷的金兵哀求道：「求長官饒命，我是漢人，是被金兵硬拉去當兵的。」

岳飛說：「我可以不殺你，但你要老實告訴我，今晚金兵營地通行的暗語是什麼？」

「烏拉草。」

岳飛又問：「女真話怎麼說？」

那個受傷的金兵便教岳飛學了幾句簡單的女真話。這時，已經接近黃昏，金兵營地就在眼前，走進去時，剛好遇到一小隊巡邏兵，他們問暗號，岳飛便用女真話回答，對方沒有懷疑，岳飛便借着月色，大搖大擺地在金兵營地裏巡視了一番。他認真地觀察，細心地統計，不放過營地裏的任何情況，從錯錯落落的氈帳和停放的兵器中了解到金

知識門

烏拉草：

多年生草本植物，葉子細長，花單性，穗綠褐色。莖和葉曬乾後，墊在鞋或靴子裏，可以保暖。主要產於中國東北地區。

兵的駐防布局、兵力數量、馬匹武器等情況，並一一記在心裏。

這時，天快亮了，岳飛帶着他的騎兵隊伍，悄悄地離開了金兵軍營，一路快馬飛奔，返回了自己的營地。

知識門

氈帳：
牧區人民居住的圓頂帳篷，用氈子蒙在架上做成的。

岳飛詳細地向長官報告了路遇金兵和巧進軍營的情況，長官聽後，高興地說：「從這次偵察來看，你有過人的智慧和勇氣，我將向上級報告提拔你。」於是宋軍立即發兵，將壽陽、榆次等六縣收復了。不久，岳飛便被授予「進義副尉」的官銜。

金兵不甘心失敗，率領眾兵反撲，宋金雙方展開激戰，可是宋軍遲遲等不到援軍，最後太原保衛戰失敗了。

當時岳飛奉命去河南公幹，半夜渡河時，任命文書被水淹濕已無法辨認了，又聽到太原之戰失敗的消息，主帥也陣亡了，心裏非常憤慨，想了想，便決定回家鄉，尋訪愛國志士，等待時機。

想一想

1. 什麼事件激發了岳飛的抗金情緒？
2. 宋朝軍隊為什麼抵擋不住金兵入侵？

三 牢記「精忠報國」

這天，岳飛回到家鄉湯陰。他看到田地一片荒蕪，村莊殘破不堪，路上到處是屍骨，村莊裏剩下的只有老弱病殘，他們沒有吃的、穿的，一個個簡直是在等死，岳飛非常驚訝。

一位老伯告訴他：「你離開家鄉後，我們這裏被金兀朮帶來的金兵佔領了，他們到處燒殺搶掠，許多人都被他們殺害了。」

知識門

金兀朮：

女真族統帥。

岳飛説：「可惡的金兵，我一定要堅持抗金救國，不把金人趕出中原，誓不罷休！」

岳飛呆在家鄉，等待機會。

不久，岳飛聽説宋徽宗的第九個兒子，即宋欽宗的弟弟康王趙構在相州招兵買馬，他決定第三次投軍。但看看家裏母親上了年紀，弟弟岳翻又未長大成人，大兒子岳雲只有七歲，二兒子岳雷剛出生幾個月，妻子一人苦撐着一家的擔子，面對這樣的家境，岳飛心裏實在不好受。

岳飛心事重重，找母親想聽聽她的意見，他對母

親説：「母親，現在金人要滅我大宋，殺了無數父老鄉親，把我們的家園也燒了，我和他們不共戴天，兒想再次參軍，殺敵報國。」

母親説：「國破家亡，好男兒應該擔起責任。你投軍之前，娘要送你四個字，望兒子永遠記住。」

「快脱下你的衣服。」母親嚴肅地對岳飛説，接着又對岳翻説，「你快去拿筆墨來！」

岳翻不知什麼意思，急忙拿來筆墨。母親説：「你在哥哥的背上寫四個字——精忠報國。」

岳飛立即跪在地上，伏下身子，岳翻便拿筆沾了濃墨，在哥哥的背上寫了起來。母親等墨汁稍乾，便從頭上拔下銀簪，沿着字跡一下一下刺下去，點點血珠從岳飛的皮膚上冒了出來，岳飛咬着牙關，忍受着疼痛。

> 知識門
>
> **簪：**
>
> 別在髮髻上的條狀物，用金屬、骨頭、玉石等製成。

「孩子，痛嗎？」母親心疼地問。

岳飛回答：「不痛。娘，你刺吧，兒子不怕。」

儘管背上火燒般的疼痛，岳飛心裏卻樹立了一個信念：我決不會辜負母親的期望，一定要讓「精忠報國」四個字，永遠留在身上，刻在心裏。

年紀小小的岳雲看見祖母在父親的背上刺字，便問：「父親，你背上刺了什麼字？」

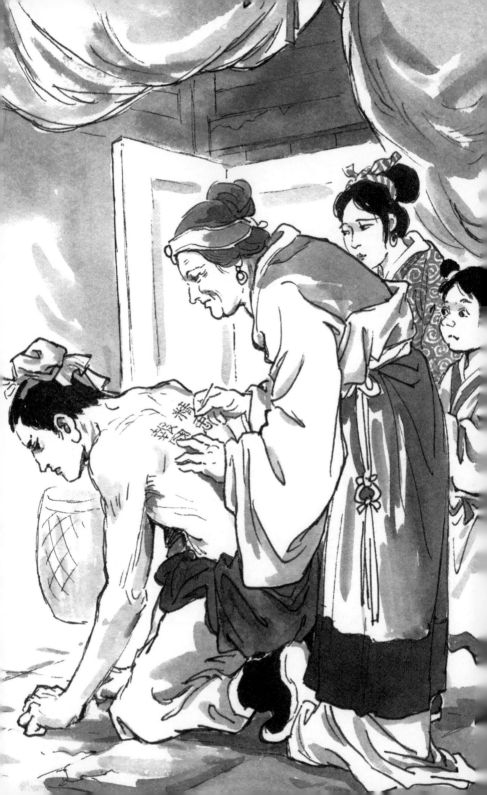

「精忠報國。」岳飛邊穿衣服邊說。

「父親，我長大了也要像你一樣精忠報國。」小岳雲說。

岳飛激動地摟着岳雲，說：「好！」

第二天，岳飛便義無反顧地告別了母親妻兒，離開家鄉，再次投奔抗金救國的部隊。

武翼大夫劉浩的部隊接受了岳飛，劉浩詢問了岳飛的經歷和看了他在武藝方面的表現之後，覺得他真是個難得的人才，準備重用他。劉浩說：「西邊山寨裏住着一股**遊寇**，頭目叫做吉倩，他們的住地離我們很近，這羣遊寇經常來這一帶騷擾，附近的老百姓不得安寧，他們還攔截官軍的糧草、偷盜兵營的軍馬，簡直是無惡不作。我撥給你騎兵和步兵二百名，你立即去把他們消滅掉。」

知識門

遊寇：
指原宋朝官兵，因為打了敗仗，脫離了宋朝部隊，到處流竄的散兵遊勇，漸漸組成的一股股武裝人馬。

可是岳飛卻有自己的想法，他想：這些遊寇其實都是打了敗仗的宋朝官兵，他們因為脫離了宋軍大部隊，沒有吃的穿的，只好成羣結隊到處搶掠，給地方和部隊帶來許多麻煩，但不一定要去消滅他們呀。想到這裏便說：「我只要帶三四個隨從就夠了，不要這麼多人。」

劉浩說：「你不要開玩笑，打仗可不是兒戲。」

　　岳飛説：「他們本來也是朝廷官兵，我想辦法説服他們，讓他們為了國家利益歸順朝廷。」

　　劉浩看岳飛很有信心，便説：「那你要處處小心，不要小看了他們。」

　　岳飛帶了幾個隨從馬上出發，走了一百多里地，來到一個小山村。時近黃昏，剛進到村口，便被幾十人團團圍住，他們拔出刀劍，殺氣騰騰地對着岳飛。

　　岳飛掃了他們一眼，從容自若地説：「我是岳飛，武翼大夫劉浩叫我向吉倩首領傳個話。」

　　「我就是吉倩，找我有什麼事？」一個三十多歲的人從那夥人中走了出來。

　　岳飛向他作揖施禮，説：「現在國難當頭，百姓受難，我們宋朝兵士應該團結起來抵禦外敵，劉浩將軍知道吉首領和各位將士都是忠於大宋的好漢，特派岳某來請各位歸營，好為國效力。」

　　吉倩默默地想了一會，説：「其實我們也是迫於無奈才走上這條路的，只要朝廷肯收留，回去也算是一條正路。」

　　「吉首領這樣想，令我佩服。」岳飛説。

　　「不過，我要跟兄弟們商量一下。」

　　這時，一個大漢持劍突然向岳飛偷襲，岳飛迅速反應過來，托住他的手腕，順勢一推，把大漢翻在地上。

吉倩連忙上前道歉，並向大夥說：「你們的意見如何？」

大夥紛紛表態：「我們都願意歸順朝廷，以後就不用再幹那些傷天害理的事了。」

「回到部隊，起碼不用到處搶糧來充飢。」

「我們是來抗金的，不能像金兵那樣騷擾百姓。」

吉倩說：「看來這是人心所向，我們明天就隨你去投劉將軍。今晚大家一起聚聚。」

岳飛的隨從怕中了吉倩的計，悄悄地對岳飛說：「大哥，我們走吧，以免惹出麻煩。」

岳飛想：我們應以誠相待，給他們以信任感，這樣才能使他們完全放心，於是決意留下，明天跟他們一起歸營。這麼一想，岳飛便坦然入席。喝了幾杯酒下肚，便覺渾身熱辣辣的，岳飛乾脆把佩帶的寶劍和鎧甲都脫下，說：「要喝就喝個痛快，讓我們暢飲一番吧！」

吉倩看岳飛沒有戒心，對自己那麼信任，也就放心了，忙叫他的伙伴都解下武器放在一旁，盡情吃喝。

第二天一大早，岳飛率領吉倩和他的三百八十名下屬，高高興興地回到宋朝軍營。

岳飛的不凡功績，傳到了康王趙構的耳中，趙構大為讚賞，他指名要岳飛到李固渡去偵察敵軍的布防情況。

　　岳飛領命帶着部下，穿過金兵的層層防線，來到黃河北岸滑州境內的李固渡。

　　岳飛在敵人佔領的地方細心偵察，把敵人的情況都摸清楚了。任務完成後，岳飛站在黃河邊，遙望黃河對岸的京都開封，心裏久久不能平靜。他對部將説：「金兵佔領了開封和中原大片土地，我們不能讓他們繼續為非作歹，我們這就過黃河去，把開封的情況也摸清楚。」

　　部將説：「康王交給我們的偵察任務已經完成，有必要過黃河去冒險嗎？」

　　「現在已經走到黃河邊了，我們過去看看情況，心中有數總是好的。」岳飛堅持從結了冰的黃河上面過去。

　　冰面平滑，馬蹄滑溜，走起路來十分困難。正走着，一隊敵人的騎兵衝了過來，他們的人馬大大超過了岳飛的兵力。但岳飛毫不懼怕，向着敵人的首領揮刀迎了上去。路滑難走，岳飛乾脆跳下馬，摘掉頭盔，順着光滑的冰面，滑到敵首領身邊，還沒等他反應過來，就將他打倒在水上，半天爬不起來。

　　士兵們被岳飛的氣勢深深感染，紛紛跳下馬，與金兵搏鬥，士兵們越戰越勇，金兵漸漸抵擋不住，死的死，傷的傷。

最後，冰河血戰中岳飛的騎兵以少勝多，全勝而歸。岳飛又立了大功，得到晉升。

想一想

1. 岳飛的母親在岳飛的背上刺了四個什麼字？

2. 岳飛對以吉倩為首的「遊寇」採取「消滅」還是勸他們「歸順」的辦法？為什麼？

四 第四次投軍

岳飛二十四歲的時候，聽說康王趙構當了南宋的第一個皇帝，心裏十分高興。他對部將説：「陛下登基，百姓便有了歸屬感，抗金便有了依靠，我們便可以打敗敵人，收復中原，重返開封了。」

部將説：「康王就在南京應天府稱帝，真是太好了，我們國家就不會羣龍無首，有人出來領導抗金救國了。」

二十一歲的趙構是在公元1127年5月1日稱帝的，他改年號為「建炎」，歷史上稱他為宋高宗。

但大家沒有想到，宋高宗不打算抗金收復國土，也不想返回開封。他對金仍然採取退讓、投降的政策，希望通過割地、賠款的策略來獲得和平。副宰相黃潛善及汪伯彥等人主動迎合趙構的心理，主張將首都從開封遷到長江以南的建康（今南京）。宋高宗便下詔説：「不能去開封，應到江南去，以避開敵人的進攻。」

岳飛和許多愛國臣民極力反對丟棄開封，南遷建康。目睹這種情況，岳飛憂心如焚，他再也坐不住了，竟然顧不得自己職位低微，決定直接上書宋高宗，這就

是有名的《南京上皇帝書》。他在摺子裏非常嚴厲地抨擊黃潛善、汪伯彥等人，指出他們遷都建康是為了苟且

偷安，等於把中原大片失地、北方千萬百姓和皇家的祖墳祖廟都拱手讓給金人。岳飛堅決提出，請皇帝返回開封，並親自統率宋朝大軍北伐以振士氣。

黃潛善和汪伯彥被岳飛激烈的言詞激怒了，他們大發雷霆，説：「岳飛竟敢超越職權，胡言亂語，我們要撤掉他的官職，讓他滾回老家去！」

岳飛被趕出了部隊。一心想救國救民、抗金立功的岳飛，壯志未酬，心中十分苦悶。

岳飛知道自己在南京應天府不能呆下去了，便決定渡河北上返回家鄉。他離開了部隊，半路上，他看見到處張貼着告示，説河北**招撫使**[①]張所正在招募抵抗金兵的青年。於是他報名參加了張所的部隊。

張所在河北招兵買馬的事，使黃潛善等人非常不滿和恐慌，於是他們陷害張所，把他調到遙遠的嶺南去了。

岳飛投軍不久，很快就又立新功，在攻打新鄉一役中，他一馬當先，奪得金兵大旗，收復了新鄉，還俘虜了敵軍頭目阿里。

[①] **招撫使**：官名。執掌征伐、招降的事情。

　　岳飛在新鄉的勝利，更激怒了金軍，他們調集幾萬大軍，將新鄉包圍，實行報復。替換張所上任的招撫使王彥手下只有七千人，敵不過金兵，只得突圍。突圍之後，王彥要帶兵到山中暫時隱蔽起來，等待反擊。岳飛認為這是害怕敵人的行為，便不顧王彥的勸阻，自己帶着一百多個士兵單獨作戰，想與金兵抗衡。但由於岳飛的兵馬太少，補給也十分不足，軍心受到影響，無法與金軍對抗，最後岳飛只好重新找到王彥，要求返回王彥的部隊，一起抗擊金兵。

　　王彥記得岳飛要離開部隊時，曾對他好言相勸，但他不聽，還責備自己向金兵示弱，現在怎麼又回來求自己了，王彥想起這些往事，便沒有收納岳飛，把他拒之門外。

　　岳飛不得不離開，最後決定帶着自己的部下渡過黃河，投奔開封留守宗澤。

　　宗澤是北宋末年有名的抗金派領袖人物，原來擔任天下兵馬副元帥。

　　岳飛把帶來的兵馬安頓好後，便獨自去拜見宗澤。宗澤見了岳飛，

知識門

留守：
中國古代官職，臨時駐守京師或險要地區。

説：「你這個人呀，身在王彥部隊又不服王彥的管理，竟然擅自離開大部隊，這是要受到處罰的，考慮到現在正是國家危難之際，我們正需要像你這樣的人才，我暫

且原諒你。」

岳飛敬重宗澤，覺得他寬宏大量，拱手說：「感謝元帥厚愛。」

宗澤很快任命岳飛為「踏白使」，說：「你馬上率領五百個騎兵去抵抗金兵，爭取再立新功。」

知識門

踏白使：
即突擊隊長。

岳飛非常感激宗澤的重用，率領騎兵直奔前線，很快擊退了敵人的進攻，當他勝利返回京師開封時，宗澤立即升他為統領，不久又提升為統制。

過了沒多久，宗澤因為守衛開封、抗擊金人而日夜操勞，身心疲憊不堪，病倒了。病危關頭，宗澤把岳飛和其他部將叫到病榻前，握着他們的手說：「老夫本來沒有什麼病，只是因為國家受金人侵犯，憂憤成疾。抗金復國的重擔就落在各位將軍的肩上了。只要各位將軍能雪國恥，老夫死而無憾。」說到這裏，他已淚流滿面，嘴裏喃喃地吟誦着杜甫的兩句詩：「出師未捷身先死，長使英雄淚滿襟。」

岳飛緊緊地拉着宗澤的手，泣不成聲，心裏默默地說：「將軍放心，我一定會為實現您的遺願，繼續戰鬥，不惜獻出自己的生命！」

這是公元1128年7月的一天，愛國名將宗澤以最後的力氣呼喚着「過河，過河！」與世長辭。

想一想

1. 岳飛在什麼情況下第四次投軍？

2. 岳飛第四次投軍投奔了宗澤。宗澤是個
   怎樣的人？

五　積極穩定軍心

宗澤逝世後，接替宗澤擔任開封留守的是杜充，他是一個殘忍嗜殺又**剛愎自用**①的傢伙。宋高宗此時已南逃到揚州，開封成了一座孤城，金人貪婪地盯着這座宋朝的京都。

金軍知道宗澤逝世後，認為時機已到，便組織兵力向開封進犯。杜充見金兵來勢兇猛，一點主意也沒有，竟下令部隊立即挖開黃河大堤，讓大水去對付金兵。黃河水從缺口處奔騰外洩，滔滔黃河水不但沒有擋住金兵，反而讓老百姓遭了殃，大量的農田和村莊被淹沒，來不及逃命的婦人老人孩子被淹死，房屋倒塌，牲畜喪命。

金兵很快佔領了揚州，宋高宗感到金兵的威脅就在眼前，慌忙逃到建康。而統領宋軍的杜充不但不指揮抗敵，反而跟着皇帝南下逃跑了。

宋高宗的南宋小朝廷臨時安置在建康，對逃跑失職的杜充，宋高宗不但沒有治他的罪，反而任命他為右丞相，主持長江的防務。

---

① **剛愎自用**：固執任性，自以為是，不接受別人的意見。

金兵佔領開封後並不滿足，他們又以兀朮為統帥，率領金朝大軍，兵分兩路，繼續向江南進發。

兀朮是金太祖阿骨打的第四個兒子，打仗非常勇猛，總是衝鋒在前，他曾經洗劫過岳飛的故鄉湯陰，現在他進攻的目標是建康。

宋高宗被來勢洶洶的金兵嚇破了膽，戰戰兢兢地寫了一封信給金朝的首腦，表示：「只要能保存性命，寧願取消國號，取消帝號，無條件投降。」在另一封《乞哀書》中又說：「只要你們派一支軍隊來，我們便會束手服從，決不抵抗。我們再也無路可逃了，請大金國可憐我們，饒了我們吧！」

知識門

國號：
國家的稱號。

帝號：
皇帝的稱號。

宋高宗害怕建康也保不住，便把長江和建康的防務統統交給杜充，帶着他的小朝廷向更南的杭州逃去了。

岳飛眼看金兵步步逼近，但杜充卻終日躲在屋裏花天酒地，完全不顧國家大事。岳飛看在眼裏，急在心上，他實在忍無可忍，便直接闖進杜充的屋裏，責問他：「如今大敵當前，長江危在旦夕，你為什麼還終日飲酒作樂，不布置打仗的事？如果建康失守，你還能高枕無憂嗎？」

杜充這時已經完全喪失鬥志，無法率兵抵抗。金兵

很快便衝破沒有防線的長江，一直打到了建康城下。杜充一看勢頭不妙，嚇得連夜逃出城外，向金兵投降。

建康城被洶湧而來的金兵佔領了，宋朝的十萬大軍卻像退卻的潮水，向着南方瘋狂逃跑。杜充的背叛使他們沒有了統帥，也沒有了家，在狼狽逃跑的路上，因為沒有吃，沒有喝，便到處搶掠，給百姓帶來巨大的災難。

而岳飛帶領的隊伍，從建康撤退下來後，保持嚴格的紀律，還打了幾次小勝仗。但也遇到同樣的問題——沒有**給養**①。在這種情況下，岳飛仍然要求戰士不許踐踏老百姓的莊稼地，更不許搶老百姓的糧食。可是在挨飢受困的情況下，如何才能長久地保持軍紀？有些戰士有了怨言，有些想離開部隊，在行軍路上他們還碰到有些流竄的散兵遊勇，這些散兵遊勇悄悄地滲進岳飛的隊伍裏，鼓動岳飛的將士去當遊寇。有幾個小股遊寇的頭目還找到岳飛勸他説：「岳將軍，現在形勢非常不好，為了能活命，不如你來領頭吧，帶我們去投降金兵。」

岳飛看到這樣的情境，非常痛心。他要想辦法穩住軍心，保留這支抗金隊伍，否則如何抵抗金兵的進犯？

岳飛把自己帶領的將士集中在一個大戶人家的院

---

①**給養**：指軍隊中人員的伙食、牲畜的飼料以及炊事燃料等物資。

子裏，真誠地對大家説：「建康失守，杜充投降，皇帝也不知去向，但大宋沒有滅亡！我們要在國家危亡的關頭，挺身而出，精忠報國，留名青史，而不能向敵人投降，**苟且偷生**[①]，不然，死了也會遭到世代人民的唾罵。」

説到國破家亡，大家都有相同的感受，那些想向金兵投降的官兵在默默地思考着岳飛的話。

部隊情緒穩定下來後，岳飛帶着他的親隨將官王貴、張憲、徐慶等，約上那些邀他一起去向金兵投降的幾十個散兵頭目，到村外的稻場上，説：「你們約我去向金兵投降，我們先不談這個問題。我只想跟大家比比武藝，眾位願意嗎？」

「你早就是聞名天下武藝高超的岳將軍，我們怎麼能跟你比呢？」小頭目們一個個面面相覷。

「好，那麼我就叫我的部將跟你們比試。」

岳飛叫了他的部將王貴等來到跟前，分頭跟那些小頭目動起了刀槍弓箭。比試結果，竟沒有一個小頭目是岳飛部將的對手。他們敗下陣來後，低着頭，喘着氣，一臉的尷尬。

岳飛走到大家面前，大聲説道：「大家都是中原

[①] **苟且偷生**：得過且過，勉強活着，不圖長遠。

人，父母子女都留在中原，他們正等着我們去拯救；我們祖宗的墳墓也在中原，等着我們去祭祀，我們能做不孝子孫，給祖宗丟臉嗎？打消你們向金兵投降的念頭吧！剛才你們也看到了，我有一批英勇善戰又愛國愛家的將領，有這些將領又何愁不能打敗金兵？我怎麼會跟你們去向我們的敵人投降呢！醒來吧，去光復我們的國土，為父老兄弟報仇。願意的就跟我一起幹！」

小頭目們被岳飛的愛國熱情深深地感染了，紛紛表示：「我們願意跟着岳將軍幹下去，決不向金兵投降！」

岳飛的赤膽忠心和及時的鼓勵，使這支抗金隊伍得以保存下來，為發展壯大抗金隊伍打下了基礎。

岳飛看到大家都一條心了，臉上才有了欣慰的笑容。

想一想

1. 岳飛對投降派採取了什麼態度？
2. 岳飛在最困難的情況下是怎樣激勵將士的？

六 收復建康之戰

建康失守以後，形勢非常嚴峻，金兀朮率領金兵繼續南下，想活捉宋高宗，一舉消滅南宋。他的野心不只是這一城一池，而是要獨佔整個宋朝國土。

宋高宗見金兵節節進攻，不敢抵抗，只會逃跑。當金兵迫近杭州時，他便從杭州逃到越州；見金兵馬不停蹄，他又趕緊逃到明州。無地可逃時，他便叫他的隨從護送他一起乘坐二十艘海船，逃向海上去了。他心想：你們只善於陸地上的戰鬥，在海上你們就不會再來追了吧！

岳飛從建康撤退下來後，一直尾隨着金兀朮的金軍，邊追邊打，令金兀朮不得安寧。有一次，岳飛組織兵力襲擊金兵的**殿後部隊**，打得金兵落花流水，殺死金兵一千二百多人，生擒金軍將領六十多人，大長了宋軍志氣。這一仗打出了岳家軍的威風，也大大提高了岳飛的名聲。

知識門

殿後部隊：
行軍時走在部隊最後的兵馬。

岳家軍的聲勢越來越大，懷有愛國心的青年都紛紛參加岳家軍，隊伍很快便發展到了兩萬人。人多了，部

隊壯大了，接下來最難解決的便是吃穿問題。

宜興縣的官員知道岳飛是抗金英雄，他帶領的是一支抗金復國紀律嚴明的部隊，都想支援他們。於是寫信給岳飛，説歡迎他們來宜興駐紮，保證他們的糧食供應。還説宜興存有足夠的糧食，足夠一萬大軍吃十年。

岳飛收到信後，十分高興，這簡直是雪中送炭！有了後方的支援，還有什麼困難不能克服呢？他帶領的部隊進駐宜興之後，主動幫助當地百姓做了許多好事，使這裏的社會秩序很快穩定下來了，農民種田，採茶養蠶，漁民打魚，生產也慢慢發展起來了。原先許多逃離宜興的鄉親聽説岳飛來到了自己家鄉，人民生活也安定了許多，都紛紛返回家鄉；外地的人聽説後也都來到宜興居住。

看到宜興安定的環境，岳飛想起了自己的親人，便派人潛回湯陰去接家眷。但家人都逃離了家鄉，不知去向，經過十幾次的探詢，才找到了母親姚氏、弟弟岳翻和兒子岳雲、岳雷，他的妻子劉氏在戰爭中走散了。岳飛為了照顧家庭，便娶了一個江南女子李娃做妻子。

宜興的老百姓過上了安居樂業的生活，他們十分感激岳飛，説：「在這個國難當頭、人民生活十分艱難的時候，岳將軍救了我們，保護我們，真是不容易啊！」

鄉親們七嘴八舌，議論紛紛，有的説：「岳將軍帶領的岳家軍紀律嚴明，從不騷擾百姓，軍隊路過村子，

夜夜露宿在路旁，即使請他們進屋他們也不肯，在軍中有這樣一句話：凍死不拆屋，餓死不擾民。這樣的軍隊我們歡迎他們。」

「那麼，我們為岳將軍做點什麼吧！」有人這樣說道。

這時候的岳飛一面為部隊籌糧，一面組織部隊操練，積極準備抗金工作，派出去探聽消息的士兵不斷帶回喜訊：「從建康南下的金兵，在攻打明州時，被宋軍挫敗了。」

「在江南地區，凡是金兵到達的地方，都受到了愛國官兵和當地老百姓的堅決抵抗。」

曾經不可一世的金兀朮，原打算這次南下把江南掃平，消滅宋朝，但不料到處受到襲擊，處處受到牽制，損失慘重，只好放棄江南，撤軍返回北方。臨走時，金兀朮竟下令燒毀杭州城，大火燒了三天三夜，風景秀麗的江南名城杭州幾乎成了一片廢墟。

一日，在常州任職的一位熟人來找岳飛，說：「金兵快要撤到常州了，特來邀請岳將軍出兵截擊。」

岳飛想，這是一個好機會，便立即率領部隊趕赴常州。

到了常州，岳飛看見江面上航行着許多船隻，每艘船上都裝滿了金兵搶奪的財物；在陸地上行走的，都是殘殺了江南百姓的金朝騎兵和步兵。

部將問岳飛：「岳將軍，敵人有幾十萬，我們才幾

千人，如何戰法？」

　　岳飛説：「敵強我弱，但我們是正義之師。我們不能與他們硬拼，只有智鬥。」

　　岳飛把幾千個官兵組織起來布置好戰術，巧妙指揮，一會兒明攻金兵，一會兒暗暗偷襲，打得金兵暈頭轉向。金兵不知岳飛底細，被動挨打，爭相逃命，有的竟掉在江中淹死了。岳飛部將捉住了金兵大頭目和其他將領十多人。

　　岳飛以少勝多，取得了四戰四捷的成果。宜興父老鄉親奔走相告，他們集資建了一個祠堂，雕刻了一個跟真人般大的岳飛石像，供奉在裏面，讓子子孫孫牢記岳飛的大恩大德。公元1130年4月15日，岳飛率領岳家軍與金兵在鎮江北面的清水亭又激戰了一場，殺得金兵死傷無數，光是金兵頭目便有一百七十人被殺；四十多人被俘，繳獲各種武器三千七百多件。岳飛興奮地説：「這是金兵南下以來，我們取得的最大的一次勝利。」

　　部將都十分高興，説：「這也是金兵入侵江南以來，遭受到的最慘重的失敗，得到的最嚴重的一次教訓。」

　　岳飛問部將：「金兀朮現在的情況如何？」

　　「現在江南的大部分地方都被我們宋軍收復了，金兀朮只能龜縮在建康城裏了。」

　　岳飛説：「這正是集中兵力殲滅金兵的好時機。為什

麼不見張俊等將領的大部隊行動？如果大家真正合力一起，要抓金兀朮，簡直是**甕中捉鱉**[①]。」

「岳將軍，他們不動，我們主動出擊吧！」

「金兀朮在建康城裏的防務十分嚴密，挖了護城河，築了營壘。硬攻是不行的，最好是進行夜襲，打他個出其不意。」

部隊按照岳飛的布置，經常派出小分隊，身穿黑衣，趁着夜色，摸進敵人營房，一陣砍殺，打得金兵摸不着頭腦。他們辨不清敵我，互相殘殺，傷亡慘重。

就這樣，岳飛從四月到五月，大大小小的戰鬥打了幾十次，攪得金兀朮坐立不安，心想：這樣下去，我們遲早會被岳飛拖死。一定要想辦法衝出去。

五月十一日夜晚，岳飛看見建康城裏火光沖天。在火光中清晰地映照出金兵狼狽逃跑的身影，但他們在離開建康城時，竟不甘心地把建康城焚燒了。

岳飛滿腔怒火地對部將説：「我們不能讓金兀朮逃跑了。追上去，打他們一個落花流水！」

岳飛指揮部隊衝下牛頭山，三百騎兵和二千步兵跟着岳飛一直追到建康城北十五里的靜安鎮。

靜安鎮臨近江水，金兵都聚集在渡江的碼頭上，等

[①] **甕中捉鱉**：比喻要捕捉的對象已在掌握之中，輕而易舉就能得到。

待渡江。他們沒有了指揮，亂作一團，吵吵鬧鬧，你推我擁，心急火燎地爭相上船。他們還沒有弄清是什麼情況，就聽見岳飛部隊的喊殺聲，向這邊衝過來了。

義憤填膺的岳家軍，不顧一切地在金兵隊伍裏揮刀衝殺，把金兵推下水，或用腳把他們踹下岸，一時間，在江邊只聽見岳家軍的怒吼聲和金兵的悲嚎聲。

戰鬥很快打完了，江邊到處是金兵的屍體，江水中也浮着金兵的屍體。清理戰場時，細細一數，被砍的金兵有三千多個，俘虜的有三百多人，其中將領就有二十多個，戰馬三百多匹，更不用説鎧甲、兵器、旗鼓、牛驢等等，不計其數。

岳飛帶領部隊收復了建康，取得了大勝。但這個六朝古都建康早已被金兀朮燒成了一片廢墟。岳飛站在這片廢墟上，深深地歎了口氣，一股熱血直往上衝。

岳飛暗暗發誓：總有一天，我要把金兀朮逮住！

想一想

1. 宜興的父老鄉親為岳飛建了個「生祠」來供奉岳飛的石像，用意是什麼？
2. 建康之戰的結果如何？

七 連克襄陽六郡

公元1133年9月，三十歲的岳飛帶着他的兒子岳雲來到了杭州。十年前，岳飛曾經到過美麗的杭州，可現在已是一片廢墟，令岳飛無限痛心和憤慨。

宋高宗見到岳飛的時候，回憶起七年前岳飛曾在他的大元帥帳下當過無名小軍官，那時，岳飛曾因上書反對遷都而被處罰。宋高宗心想：這個人真不簡單！他說：「朕早就知道愛卿了，愛卿打仗勇敢，治軍又嚴，在抗金復國的戰鬥中屢立戰功，是我朝大將中的後起之秀，威名遠揚，今後朕的江山社稷還要靠愛卿扶持。」

接着宋高宗賞賜了衣甲、馬鎧、弓箭各一副，金線戰袍、金帶、手刀、銀纏槍、海皮鞍各一件給岳飛。岳飛最珍惜的是一面由宋高宗親筆書寫「精忠岳飛」四字、再用金線刺繡的軍旗。

岳飛接受賞賜之後，宋高宗指着岳飛身後的岳雲說：「這就是令郎岳雲嗎？」

岳飛回答：「是。」

宋高宗看見岳雲雖然才十四歲，但身強力壯，透露出一股英氣，想起別人說過這個岳雲十二歲便參軍了，

力氣驚人，能舞動幾十斤重的銅錘，立過多次戰功，便讚道：「果然是將門出虎子呀！」

宋高宗賞賜岳雲一副弓箭，還有戰袍、銀纏槍各一件。

接着，岳飛被任命為主持江西、安徽一線的軍政事務的大員，管轄地區跨越了長江中游的南北兩岸，直聯中原地區，面積達到幾百里，這是長江沿岸最重要的防區之一。岳飛的帥府就設在江州（今江西九江）。

宋高宗接見岳飛父子後，岳飛來到江州，精心策劃收復中原的大計。中原襄陽六郡的失守使他常常夜不能眠。他得知金朝把原來是北宋朝廷任命的濟南知府、後來向金人投降的劉豫，扶植起來做了偽齊**傀儡政權**①的皇帝。劉豫借助金人的力量奪去了襄陽上郡，還揚言要在第二年向南方大舉進攻。這樣，岳飛管轄的地方便直接暴露在敵人的面前了。

岳飛感到形勢危急，立即上書朝廷，主動請戰，並提出了具體的作戰方案。

宋高宗跟大臣們商量，認為岳飛的計劃可行，就說：「收復中原的任務就交給岳飛去執行吧！」

於是，岳飛被任命為這次軍事行動的統帥。這是南宋立國以來，第一次派兵出擊，主動收復失地，也是岳

---

① **傀儡政權**：比喻受人操縱的人或組織，多用於政治方面。

飛稱帥江南以來，第一次統兵出征。

公元1134年，農曆五月初一，岳飛率領部隊，高舉着「精忠岳飛」的帥旗，從鄂州（今湖北武昌）出發，浩浩蕩蕩地渡江北上。岳飛站在大船的船頭上，望着奔騰的江水，撫劍自語：「我要生擒敵人的頭目，收復六郡！」

岳飛指揮部隊上了岸，來到郢州城外，帶着部將張憲騎馬繞着郢州城轉了一圈，偵察敵人情況。郢州城是劉豫偽政權最南端的要塞，防守十分嚴密。守城的是有「萬人敵」之稱的荊超，手下有一萬名官兵。

張憲到了城下，大聲喊話：「荊超，你為何要投敵叛宋，如果你知錯能改，開城出來投降，就饒你不死！」

荊超的軍師無恥地回答：「現在各有其主，要打就打吧！不用多講。」

岳飛聽了十分憤怒，立即下令：「明天一早攻城，一定要活捉這個叛賊。」

「岳將軍，」一個部將悄悄地對岳飛說，「我們部隊只剩夠吃兩頓的糧食了，是不是等糧草運到後再攻城？」

岳飛回答：「能吃兩頓就足夠了，明天中午我們將會進到城裏開飯。」

第二天黎明，戰士們早早吃飽了飯，接着便在岳飛

的指揮下，向郢州城發起猛烈進攻。「精忠岳飛」的大旗在晨風中獵獵作響，岳飛端坐在大旗下面，儘管敵人向他射來一枝枝利箭，他也毫不躲避，鎮定地指揮着部隊。戰鼓擂得震天響，戰士們的喊殺聲直衝雲霄。

山上的敵兵見岳家軍聲勢浩大，慌忙推下一根根粗大的木頭，想阻止岳飛的進攻。忽然，一塊臉盆大的石塊向岳飛襲來，岳飛的侍衛驚叫道：「主帥快躲開！」可岳飛只是瞄了一眼大石，仍然端坐不動。石塊「砰」的一聲落在他的腳下。

岳家軍見主帥指揮若定，情緒更是高漲，他們冒着敵人的利箭、巨木、巨石，搭成人梯，登上城牆，與敵人搏鬥，嚇得敵人紛紛逃跑。戰士們衝上前去打開城門，讓大部隊進了城，還沒到中午便把郢州攻下了，殺敵七千多人。號稱「萬人敵」的荊超被岳家軍追得無路可逃，只得跳崖自殺。

岳家軍首戰大勝，接着乘勝追擊，兵分兩路，由張憲、徐慶帶隊去攻北方的隨州，岳飛則親自帶隊，向襄陽進發。

襄陽的守將是李成，他是岳飛的手下敗將。李成原來是流竄到江西一帶最大的流寇，三年前被岳飛打敗，逃到偽齊，投靠劉豫，成為劉豫最器重的人。當他聽說岳飛已抵達襄陽城下時，上次慘敗的情景又浮現在眼

前，這次岳飛和他的岳家軍更加強大了，還能對陣嗎？思前想後，李成嚇得丟了城池便逃命去了。

岳飛料想不到，他的部隊進入襄陽時，這裏竟成了一座空城。他對部將說：「李成被我們強大的攻勢嚇破了膽，但大家要做好充分的準備，對付他們的反撲。」

果然不出所料，李成找到偽齊皇帝劉豫，要求增派兵馬，然後又反撲回來了。

六月五日李成把隊伍帶到襄江右岸進行部署。

岳飛帶着部將走到高處察看李成的布陣。只見平原上，密密麻麻一大片，刀槍挺立，旗幟如林。部將說：「他們來的人馬還真不少哇。」

岳飛笑着說：「不要看他們人多，這只不過是一個愚蠢的敗將，曾經失敗過也不知道吸取教訓。你們看，他把騎兵安排在狹窄的江邊，卻把步兵布置在廣闊的曠野上。這樣部署，不是明擺着把腦袋伸出來讓我們砍嗎？」

部將說：「連兵法常識也不懂，我們打他個落花流水。」

岳飛隨即下令：「王貴，你帶着步兵手持長槍，從李成的右邊進攻他的騎兵。」

王貴領命而去。

岳飛又對牛皋下令：「牛皋，你率領騎兵，從李成

的左邊進攻他的步兵。」

「是。」牛皋領命騎馬飛馳而去。

王貴的步兵衝進敵人的馬羣裏，揮着長槍長刀，用槍挑，用刀砍，把敵人的騎兵殺得落花流水。敵人的騎兵在狹長的江邊無法施展，互相踩踏，馬受驚狂奔，人亂跑亂竄，不少敵人掉到江水裏，捲進了滾滾洪流中。

牛皋帶領騎兵衝進了在平地上的敵兵中，刀起刀落，很快便把敵人殺得哭爹喊娘，無法招架。岳飛巧妙地採用步兵、騎兵配合的靈活戰法，取得了勝利。

從五月初一起到七月二十三日止，岳家軍只用了兩個多月，便收復了襄陽六郡大片土地。這是南宋建國以來取得的第一次大勝利。

宋高宗聽到岳飛大捷的消息，十分高興，他對大臣們說：「朕一向聽說岳飛素有謀略，果真如此。」

當岳飛從戰地返回鄂州時，朝廷給只有三十一歲的岳飛授予了清遠軍節度使的頭銜，這是武將中十分少有的殊榮。岳飛因此與張俊、韓世忠、劉光世成為南宋初年著名的四大將軍。

岳家軍將士為自己的統帥感到光榮，也為自己能參加這次收復六郡的戰鬥而自豪。

岳飛卻高興不起來，他登上長江邊的黃鶴樓，向北望去，金人仍然統治着中原，怎麼能以收復小小的六郡

而滿足呢？眼下所見，大好河山已是滿目瘡痍，什麼時候能渡長江，過黃河，讓淪陷區的父老鄉親重新過上和平、安寧的日子呢？岳飛登樓遠眺北方，撫着寶劍，一股英氣在胸中翻滾，吟出了傳頌千古的充滿民族浩然正氣、抒發出強烈愛國激情的不朽詞作《滿江紅》：

怒髮衝冠，憑欄處、瀟瀟雨歇。抬望眼，仰天長嘯，壯懷激烈。三十功名塵與土，八千里路雲和月。莫等閒，白了少年頭。空悲切。

靖康恥，猶未雪；臣子恨，何時滅？駕長車、踏破賀蘭山缺。壯志飢餐胡虜肉，笑談渴飲匈奴血。待從頭，收拾舊山河，朝天闕[①]。

心潮洶湧的岳飛，久久凝視着中原大地，許久才走下城樓。

知識門

靖康恥：
靖康二年（公元1127年），金兵攻陷開封，徽、欽二帝被擄，北宋滅亡。

想一想

1. 宋高宗對岳飛的態度是怎樣的？
2. 岳飛收復六郡之後，為什麼高興不起來？

[①] **天闕**：指皇宮、朝廷。

八 再次挺進中原

春風勁吹，岳飛撫劍沉思。

公元1136年春天，南宋朝廷任命岳飛為北伐西路軍的統帥，要他從襄陽出發，打進中原去。

岳飛非常高興，這正是自己一直以來的願望，這次終於能如願以償了！他指揮岳家軍積極準備，隨時出發。就在這時，岳飛七十歲的老母親突然病逝，岳飛悲痛欲絕，一連三天不吃不喝，眼睛都哭腫了。

岳飛處在極度悲痛中，想起母親在世時對自己的教導，對國家的熱愛：她雖然是個農婦，卻深明大義；她在自己背上刺的「精忠報國」四字，一直激勵着自己勇往直前，殺敵為國。

按照當時社會的規矩，父母親去世，大臣必須解除職務回家，守喪三年。岳飛立即奏報朝廷，請求解除軍職，以料理母親的後事。還沒等到朝廷的批示，岳飛便帶着岳雲，扶着母視的靈柩，由鄂州西上，送到廬山安葬。

沿途百姓看見，岳飛在整個行程中，都是光着腳板，徒步扶着棺走。他對母親的深厚感情和他的孝心深

深地打動了每一個人。

　　岳飛對母親是非常孝順的，只要他稍微有點兒空閒，他就會來到母親身邊，給母親端茶送水；母親不服南方水土，幾年來一直有病，岳飛便親自煎藥餵藥，細心侍奉母親。

　　當岳飛料理完母親後事的時候，朝廷再三催促岳飛出征。一日，岳飛收到宋高宗派人送來的一千兩銀和一千匹絹，說這是皇帝賜給的葬儀。與此同時，宋高宗又派東宮使臣，前來東林寺，敦促岳飛立即返回前線。

　　岳飛感到十分為難，弟弟岳翻已在幾年前戰死沙場，自己是母親唯一的兒子，自己不盡孝道，誰來盡這個孝道？但國難當頭，自己是部隊的統帥，又怎麼能離開戰場而守在深山古寺裏呢？

　　岳飛來到母親墳前，手捧着新土，添到墳頭上，再燒上紙錢，焚了幾柱香，跪在母親靈位前，說：「娘，兒子忠孝難兩全，您給兒刺的『精忠報國』兒牢記在心中，兒就按娘的話，多多殺敵，以報答娘的養育之恩。娘啊，您就安息吧！」

　　岳飛在七月份趕回前線。這時，由韓世忠任統帥的東路軍受到嚴重挫折，進退兩難。負責全面指揮這次軍事行動的宰相張浚只好改變原來的計劃，不再主動進攻而轉為防禦。

　　岳飛思考着整個戰局的變化，心裏謀劃着如何戰勝敵人。他把岳家軍分成兩路，一路由牛皋率領，打向東北方向，很快便奪下了偽齊的重要城鎮汝州，還活捉了守將薛亨。另一路由王貴、楊再興統領，沿着西北方向掃過去，接連攻克幾個縣城，幾萬名偽齊士兵向他們投降，還收繳了一萬匹戰馬、十幾萬斤糧食。

　　岳飛雄心勃勃，對雨中行軍的官兵們說：「你們有誰到過黃龍府嗎？那是金人的老巢。我年少時曾經到過那裏，有朝一日，我們要打到黃龍府去，痛飲一番。」

　　部將說：「岳統帥，你不是說老夫人曾責備你喝醉酒，陛下也要你戒酒嗎？」

　　岳飛說：「是的，陛下訓斥極是，老母親的教導我也不敢忘記，但現在打到中原了，我想可以破戒一次的，不過還是將來直搗黃龍府時再好好喝個夠吧！」

　　為嘉獎岳飛這次北伐取得的巨大勝利，朝廷又將岳飛晉升為太尉。

　　自古是「兵馬未到，糧草先行」，只有保證前方的糧草供應，才能連續不斷地打勝仗。岳家軍孤軍

知識門

太尉：
古代為全國最高軍事長官。

深入到了偽齊的心臟地——伊洛，就面臨着這樣一個非常嚴重的問題——朝廷的糧食不能及時運來，那麼戰士們吃什麼呢？等了一天又一天，沒有糧食，沒有物資支

援，岳家軍陷入了十分困難的境地。

　　岳飛看着有些戰士餓得沒有力氣，有些已經餓死了，他痛心地流出了眼淚。他不知道什麼時候才會有糧食運到，但絕不能在這裏等死，最後岳飛不得不放棄這塊已經收復的土地，回到襄陽駐紮。他臨走時，歎息一聲：「唉，我要直搗黃龍府的願望又落空了！」

　　時間到了公元1136年的冬天，狡猾的劉豫與金兀朮勾結在一起，組織了強大的兵力，分成二路向岳飛管轄的襄陽一帶進攻。

　　岳飛見劉豫的大部隊集中在蔡州，便在一個寒冷的夜晚，指揮兩萬官兵悄悄地來到蔡州城下，岳飛親自來到城下偵察敵情。蔡州城牆又高又厚，硬攻是不行的。岳飛仔細查看了地形，分析了情況，定下了一個計謀。他叫一小隊兵士假裝進攻，敵軍一見岳家軍進攻，剛才還空無一人的城樓上，立即便有許多偽齊的官兵出現，進行抵抗。

　　岳飛說：「敵人防守嚴密，我們兵少糧不足，不能與他們拖得太久。先撤退吧！」

　　部將董先說：「我們一撤軍，他們就會跑出來追擊我們。」

　　岳飛笑着說：「我正是要他們來，只要他們出來就好打了。」

敵人看見岳家軍撤退，以為是追擊的好時機，便打開城門，放出部隊，跟蹤而來。

岳飛立即布置作戰方案，叫董先殿後，他自己帶着大部隊在前面等候。

劉豫首先派出偵察兵，跟蹤在董先的隊伍後面進行偵察。有一個劉豫部隊的偵察兵，知道自己有個親戚就在董先部隊裏當戰士，便悄悄地追上去，找到自己的親戚，跟他說：「我們都知道你們只有十天的口糧，人數也不夠兩萬。我們部隊裏有李成等十員大將，每人領兵一萬，準備圍殲你們。統帥說了，每個戰士發一根繩子，捉到你們便用繩子穿起手心，十個人一串。劉豫還說，勝利後，他會給十員大將每人獎一處華麗的住宅，十名宮女。」

這個戰士立即報告董先，董先又立即報告岳飛。岳飛笑了笑，說：「這個屢戰屢敗的李成，居然還有臉跟我較量？我要叫他們新房住不上，宮女也享受不了。」

岳飛悄悄地與董先密謀計策，接着，岳飛帶着大部隊繼續撤退。

敵人緊追着董先的兵馬，決意要消滅這支部隊。

董先將自己率領的部隊分成幾小股，分別隱蔽在路途中的樹林裏。他自己卻獨自守候在一座大河的橋上。見李成來了，大聲喊道：「李成，董先在此等候你多時

了。」

李成手拿繩子，説：「你別跑，我今天就要先把你拿下！」

董先説：「來吧，我不跑，就怕是你先跑了。」

李成有些疑惑：「董先為什麼只有一人？是不是設了埋伏？」他派出一支小隊上前挑戰。

董先一揮手，從樹林中衝出一兩支隊伍，嚇得李成的士兵馬上後退。董先又一揮手，士兵們又撤回林子裏。等李成的部隊衝上來，董先的軍隊又殺了出來。李成弄不清董先的虛實，不知進攻好還是不進攻好。正當他左右為難時，突然聽見從山上傳來震天響的喊殺聲，那氣勢如排山倒海，更使李成喪膽的是他見到了那個威風凜凜的岳元帥！

李成顧不得指揮隊伍，自己拚命逃跑。官兵們見頭兒逃跑，大家也奪路逃命，偽齊軍隊立即全線潰敗。當他們逃到一個叫牛蹄的地方時，又聽見殺聲四起，周圍的山上到處是獵獵作響的戰旗，岳家軍像下山的猛虎，殺得李成率領的偽齊軍亂作一團，死傷無數，俘虜了敵軍將官幾十人，士兵幾千人。李成看大勢已去，只能獨自落荒而逃。

岳飛對被俘的士兵説：「你們都是被劉豫抓去當兵的大宋百姓，我現在全部放你們回中原老家去。將來

有一天，大宋軍隊去收復中原時，你們要起來回應官軍。」

俘虜中有人大聲說：「岳元帥，我們一定會在中原等你們！」

想一想

1. 岳飛的母親逝世後，岳飛陷於「守孝」與「領兵殺敵」的矛盾中，他最後是如何選擇的？

2. 岳飛怎樣處置抓來的俘虜？

九 君臣矛盾加深

這天，岳飛突然收到兩份文件。他打開一看，一份是説劉光世統領的五千多名官兵和三千多匹戰馬全部由岳飛指揮。

這是公元1137年3月。

岳飛有點納悶，為什麼會這樣？

原來劉光世是南宋三大武臣之一，他統領的部隊稱為淮西軍，是南宋的主力之一。不過劉光世對金兵和偽齊的戰爭都沒有一點戰功，而且一再耽誤戰機，幾萬大軍不能打仗，卻白白花掉國家大量錢財和糧食；同時，這個人非常驕傲、懶惰、貪婪，膽子又小，貪生怕死。朝廷上下對他都十分不滿，不少大臣紛紛向皇帝上書。宋高宗在輿論的壓力之下，不得不解除了劉光世的兵權。

在考慮把劉光世的軍權交給誰時，有人也提過另外兩個人，他們也是南宋的三大武臣之一，即韓世忠和張俊。但宋高宗認為岳飛已升任為宣撫使——它是與宰相平級的官職，而岳飛的太尉頭銜又是武臣中級別最高的，他與劉光世的地位相同。這樣一比較，由岳飛來接

替劉光世的軍權是最合適的了。

岳飛接到的另一份文件，是宋高宗親自寫給劉光世部將王德等人，而又要由岳飛轉交的「御札」。在文件中，宋高宗明確指示他們以後要聽從岳飛的號令，接受岳飛的指揮。

接着，宋高宗召見了岳飛，面對面地對他説：「**中興**①之事，朕全部委託給愛卿，除了張俊、韓世忠以外，其餘部隊都由愛卿節制。」

這樣，張俊和韓世忠的兩支部隊加在一起共十萬人，而由岳飛指揮的部隊加在一起有十六七萬人。岳飛很感激皇帝的信任和器重，決心盡全力報效皇上。他很快呈上了一份恢復中原的計劃給宋高宗，計劃在三年內，收復全部丟失的國土，讓皇帝重返故都開封。

宋高宗讀了岳飛的計劃，心裏很興奮，親筆批示：「有你這樣的大臣，朕還有什麼憂慮呢。進軍中原的事由你安排，我不會干預。」

岳飛雄心勃勃，準備馬上行動，實現他收復中原的心願。可是，當他正要接受劉光世的部隊時，宋高宗突然又寫了一封親筆信給他，説：「原來交由你轉給

---

① **中興**：由衰微而復興。多指國家。

王德的那份『御札』，等到朝廷正式公布文件後再作處理。」

岳飛一收到這封信，心想：皇帝一定是反悔了，我得去找宰相張浚問問，他原來也是同意我去接管劉光世的淮西軍的。

岳飛找到張浚，還沒等岳飛開口，張浚便說：「淮西軍交給王德指揮，我再派呂祉做他的參謀，你看怎麼樣？」

岳飛據理力爭，卻遭到張浚的反駁。張浚惱怒地說：「我早就猜出你的意思，你是想一定要把淮西軍交給你。」

岳飛理直氣壯地回答：「本來是說交給我管的，為什麼反悔？」

張浚更火了，說：「不要以為非你不可！」

岳飛非常氣憤，說：「我有自己的部隊，我也不是非要這支軍隊不可。」

岳飛看出來了，宋高宗出爾反爾，其中作梗的可能就是這個張浚。他馬上去謁見宋高宗。宋高宗說：「你訂的計劃要多長時間才可以收復中原？」

岳飛回答：「大約三年。」

宋高宗不高興地說：「我現在住在建康，要依靠淮西軍來保衞我，如果你把他們調去收復中原，誰來保護

我？萬一中原收復不了，建康和杭州不就遭殃了？」

原來皇帝和宰相早就串通好了。岳飛心裏明白，什麼鴻圖大志，現在都成了泡影。

萬分失望的岳飛從建康乘船回襄陽防區，一路上慢慢清醒過來。他回憶宋朝自從開國以來，每一位皇帝都對掌握兵權的武臣心懷猜忌和恐懼，這次肯定也是如此。自己一心為國，皇上卻對自己這樣不信任，心中確實痛苦。船過江州時，他想起了安葬在廬山上的母親，一年前為了戰事，提前回到部隊，不能守孝，現在他決意繼續為母親守孝。於是他寫奏章給朝廷，請求解除軍職，退居廬山，為母親服喪。沒等到朝廷回覆，他便上了岸，回到廬山東林寺旁的舊居中。

岳飛的辭職，令一些有愛國心、有正義感的大臣為之惋惜，也對皇帝的出爾反爾使岳飛不能實現復國大志頗為不滿。宋高宗對岳飛此舉十分惱火，但又怕因岳飛的辭職渙散了人心，而不得不親自寫信說岳飛是不可多得的大將，以後還需要他，表示挽留。

宋高宗連續寫了三道「御札」，要岳飛回來，但岳飛置之不理。宋高宗真的惱怒了，他以朝廷的名義，給岳家軍的參議官李若虛和統制王貴下了命令，說如果他們請不到岳飛返回軍營，將對他倆和其他將領實行軍法處置。

李若虛和王貴來到東林寺，王貴對岳飛說：「岳帥，你走後，張浚派了他的心腹接管軍務，你再不回來，岳家軍將要解體了。」

岳飛說：「這樣不是更好嗎？我不帶一兵一卒，他們不就放心了嗎？」

「但是，岳帥不服皇命，部將要受軍法處置。」李若虛說。

「有這麼嚴重嗎？」岳飛的心為之一震，「我怎能因自己的事而連累岳家軍官兵的性命呢？」為此，岳飛只得返回襄陽，但對宋高宗和張浚一夥已不寄太大希望了。

公元1137年9月間，三十四歲的岳飛**奉詔**[①]去建康奏事，和岳飛一起去建康的還有隨軍轉運使薛弼。

船在江上航行，岳飛心潮難平，對薛弼說：「我這次入朝，要對皇上奏請一件重要的事，一件關係國家的大事。」

薛弼問：「是不是關於淮西軍的事？淮西軍現在已經叛變，酈瓊殺了呂祉，威迫十萬官兵及他們的眷屬向劉豫投降去了，張浚也被免去了宰相的職務。這個事實證明了岳統帥是完全正確的，如果淮西軍由你統領，哪

[①] **奉詔**：即接受皇帝頒發的命令。

裏還會出現這樣的事？」

岳飛歎息一聲，説：「為了這事，我已經不止一次上書皇上請罪。」

「岳統帥，你知道劉豫的近況嗎？」薛弼説，「聽説金人對偽齊皇帝劉豫已經失去興趣了，他們要將囚在北方的宋欽宗的兒子趙諶送回開封，立他做皇帝。」

岳飛説：「我這次入朝就是要向皇上奏請，正式冊立太子，使金朝的陰謀難以得逞。」

薛弼一聽，神經立即繃緊了，他想：立太子是皇家頭等大事，立誰，什麼時候立，只能由皇帝本人決定，一般大臣不宜過問，否則會犯下「陰謀廢立」、「離間骨肉」、「巴結皇子」等可怕的罪名。想到此便説：「此事還請岳帥小心謹慎為好。」

岳飛聽了薛弼的勸告，坦蕩地説：「我身為大臣，受皇帝厚恩，沒有必要顧慮那麼多。」

到了建康，入朝奏完事後，岳飛便取出在船上寫的奏章，對宋高宗朗誦起來。宋高宗一面聽，一面聯想起在淮西軍歸屬問題上岳飛的種種表現，心想：岳飛莫非要背叛我？武將有了二心，那是最可怕的事。

宋高宗陰沉着臉對岳飛説：「你是兵權在握的武將，對朝廷中的這種事情不應當過問參與。」

岳飛聽出了宋高宗含着怒意的警告，退殿時心情異

常沉重。

　　宋高宗憂心忡忡，找薛弼來談話，問：「岳飛最近情況如何？他上奏立太子的事，你知道嗎？」

　　薛弼回答：「臣在岳飛帳下做事，從來不見他同別人議論過這件事，這次他呈上密奏，是他在船上自己起草抄寫的。」

　　這件事之後，宋高宗與岳飛之間的矛盾更加深了。

想一想

1. 皇帝要岳飛接管淮西軍，後來為什麼又不給他接管了？

2. 岳飛與皇帝在哪一件事上加深了矛盾？

十　岳軍郾城大捷

岳飛從建康回來，心裏悶悶不樂。他想：本意是為宋朝的前途着想，卻招致皇帝的猜疑，不知皇帝是怎麼想的。他找來幾員部將，說：「現在金朝廷一片內亂，原先把持政權的粘罕已經垮台，由金兀朮一派掌權了。你們看，金兀朮一上台便把過去依附粘罕的偽齊皇帝劉豫給廢掉了。」

知識門

粘罕：
金國的開國功臣完顏宗翰，本名為「粘沒喝」，漢語稱為「粘罕」。

部將說：「岳帥有什麼考慮？」

岳飛說：「我想趁金政權還未穩定，而原來由劉豫控制的地區現無人管，再次北伐，一舉收復中原。」

「這真是一個大好時機，南宋的愛國軍民都在磨拳擦掌，只要朝廷一聲令下，我們就可以跨長江，過淮河，打回中原去！」部將們一個個激動萬分。

岳飛沉思了一會，說：「皇帝主意未定，很可能是不會讓我們收復故土的，皇帝最近不是起用了秦檜做宰相嗎？朝廷與金人的**和議**①正是由秦檜主持的。」

---

① **和議**：交戰雙方關於恢復和平的談判。

71

這是公元1138年，宋高宗、秦檜一心要向金朝投降，便與金朝之間互相遞送國書，使臣來來往往，加緊促成和議。和議的條件是金人把河南、陝西大片土地交還給南宋，並把宋徽宗的靈柩和宋高宗的生母韋太后送回來；但要南宋取消國號、帝號，向金朝俯首稱臣，每年還要貢奉給金朝大量的金銀絹帛——這事實上是一個亡國的條約。

南宋**朝野**[①]對這個喪權辱國的條約非常氣憤，紛紛上書給皇上，要求殺了秦檜。

岳飛感到無力改變宋高宗一心向金朝投降的做法，便向宋高宗上奏，要求解除他的軍職，返回廬山。岳飛以此表示對宋高宗的抗議。

和議簽定後，宋高宗以為可以暫時安定下來，誰知，「和議」的墨跡還未乾，金人便於公元1140年，由金兀朮率領幾十萬大軍，分四路大舉進攻南宋了。

原來，金兀朮要與南宋簽訂和議，只不過是爭取時間進行戰爭準備，並使宋高宗喪失警惕，以便迅速消滅南宋。

宋高宗見金兀朮背信棄義，頓時慌了神。怎麼辦？金兵一到，不要說皇位，怕連自己的性命也保不住了。

[①] **朝野**：指朝廷和民間。

他立即又想起了百戰百勝的岳家軍，便寫信給岳飛，要他立即趕赴前線。但從五月下旬到六月中旬，宋高宗一連下了六道「御札」，也沒有把岳飛請出來。

岳飛對抗金是下了決心的，但怕宋高宗出爾反爾，當宋高宗的第七道「御札」送到手時，岳飛再也忍不住了，立即派出主要將領王貴、牛皋、董先、楊再興等人分幾路出擊。岳家軍所到之處，有力地阻擋了敵人的攻勢，取得了一個又一個勝利。

岳飛離開鄂州，繼續北上抵抗金人南下。就在這時，宋高宗派了一名使臣李若虛帶着宋高宗的親筆御札來見岳飛。李若虛原是岳飛的部下，後來調到朝廷去。岳飛覺得奇怪，打仗順利，為什麼會急急忙忙派使臣送信來？

李若虛説：「大帥，這封御札是説給世人知的，説明皇上支援抗金；他還要我帶給你一個**口諭**①：『兵不可輕動，能收兵則及時收兵。』」

岳飛説：「皇上的意思是叫我抵擋一下，不讓金人南下就可以了，並不想讓我收復中原。我真是十分失望。你想，因為他的錯誤決策，多少良機失掉了，多少唾手可得的勝利也因為他的失誤而夭折了。若虛，難道

---

① **口諭**：指上司或尊長口頭的指示。

這一次機會又要喪失掉嗎？我告訴你，我只接受他的御札，而不接受他的口諭。我要趁這次進軍，實現我的報國大志！」

李若虛說：「我只是一個使臣。皇上的旨意……」

「你別說了。」岳飛激動起來，「現在大軍已經行動，一個勝利接着一個勝利，我此時班師回朝，豈不是前功盡棄嗎？」

「大帥的意思怎麼樣？」李若虛問。

岳飛答：「**將在外，君命有所不受**①。我要一直打到黃龍府去！」

李若虛感到很為難。如果他不能阻止岳飛的軍事行動，便是「有辱君命」，罪名可就大了。但他是支持岳飛的，思考再三，便毅然說：「既然大帥要按自己的進軍計劃行事，這抗拒詔命的罪名就由我來承擔。如果皇上追問下來，你就說我只交給你『御札』，而沒有向你傳達『口諭』。」

岳飛激動地說：「你成全了我，我非常感激。不過，我岳飛做事敢做敢當，不能嫁禍於你，皇帝怪罪下來，我岳飛自己會去領罪。」

---

① **將在外，君命有所不受**：將軍帶兵打仗在外，君主的命令可以不聽，而自行作出主張。

　　李若虛一向了解岳飛的為人，也深為他的愛國抗敵精神所感染，他說：「大帥，我不回去了，我決心跟你一同作戰。」

　　於是，經過十幾年磨練的岳家軍，就要爆發出驚天動地的能量了。此次出擊，首戰是六月十三日上午，由牛皋率部在京西路打敗了金兵，這大大長了岳家軍的志氣，一路打去，連戰連勝，接連收復了穎昌（今河南許昌）、陳州（今河南淮陽）、鄭州、洛陽，不到半月時間便把開封周圍的敵人據點一個個拔掉了，北宋原來的京城開封已被岳家軍團團包圍了。

　　得知岳飛帶領的岳家軍打回來的消息，淪陷區的忠義兵和老百姓都滿腔熱情地起來回應，紛紛打着「岳」字大旗，拿着武器，參加戰鬥。很快，從河南到河北，從山東到山西，到處都活躍着抗金的隊伍。

　　岳飛看到這麼多抗金力量鼓動起來，想到最後奪取開封的戰鬥就要打響了，心裏激動萬分。這時已是七月初了，岳飛進駐在郾城（今河南郾城縣），正在謀劃如何攻城。七月八日凌晨，軍探跑來報告：「大帥，有一支金軍正在向郾城進發，離城只有二十里地了。」

　　岳飛立即領着兒子岳雲和部將楊再興出城，準備迎擊敵人。但見一望無際的大平原上，金軍黑壓壓一大片湧過來，估計有一萬五六千人之多。他們高舉着無數戰

75

旗，身穿着光閃閃的鎧甲，騎着驃悍的戰馬，揚起漫天塵霧。

岳飛對部將說：「你們看，那個簇擁在中間的就是他們的南征統帥金兀朮，就是他屠殺了我們成千上萬同胞，焚燒了無數百姓的村莊，佔據了宋朝大片土地。」

部將說：「據軍探報告，金兀朮的左右部將還有龍虎大王突合速、蓋天大王賽里、昭武大將軍韓常。在他們的遠處，還有十幾萬的大軍緊跟而來。」

岳雲說：「父親，看來敵人是全軍傾巢出動，我們幾支部隊都分散在各個戰場，這裏已沒有多少兵力了。如何打法？父親如何籌劃？」

岳飛笑了笑，說：「我還未與金兀朮正面交鋒過，難得這個機會，正好惡戰一番。」

停了停，岳飛咬緊牙關說：「如今的兵力對比是：敵強我弱，敵眾我寡，我們要以少勝多！面對這樣一個血腥敵人，我恨不得立即衝上去抓住他，食他的肉，剝他的皮，飲他的血。記住，這一仗一定要打贏！」

眼見金兵風捲而來，岳飛命令兒子岳雲：「你親自率領騎兵去打頭陣，這次出戰，只能勝，不能敗，否則回來先砍你的頭。」

岳雲答應一聲，就帶頭衝上去。

楊再興不甘落後，也拍馬衝出了陣。

　　戰士們都跟着兩員大將向金兵衝過去。只見二十一歲的岳雲舞動兩把八十多斤的鐵錘，毫無畏懼地闖進敵陣，雖然被重重包圍，但他熟練地揮動鐵錘，把敵人打個落花流水。敵人的刀劍向他砍殺，他機靈地避開，但還是多處受傷，滿身血跡。

　　楊再興舞動長槍，左挑右刺，殺倒無數敵兵，氣勢洶洶，直向金兀朮衝去。但金人騎兵也很厲害，一時無法接近。

　　岳飛遠遠觀察，思考着如何破金兀朮的「拐子馬」和「鐵塔軍」。

　　金人的騎兵個個身穿雙重鎧甲，刀箭難入。他們排列得好像一道鐵牆，身後列着一排木柵，叫拒馬子，騎兵前進一步，拒馬子也前進一步，使騎兵只能進無法退。

　　這是金兀朮的王牌軍，被稱為「鐵浮圖」，也叫「鐵塔軍」，是金兵中最精銳的騎兵。進攻的時候，鐵塔軍的左右兩翼騎兵，叫「拐子馬」，他們按三騎一組，十五騎一隊排列，戰鬥中一起進出，互相照應，不准打亂方陣，如果前邊有一個騎兵倒下了，後面的立即補上，始終保持最強的攻擊力。

　　楊再興向金兀朮衝了幾次都無法接近，只好退回岳飛身邊。其他部將見楊再興返回，對金兀朮不免有些膽

怯。過去，跟金兵交鋒都在山林河港地區，金人的騎兵難於施展，今天，他們人多勢眾不說，這一馬平川的地勢，正是他們大顯身手的場所，他們正是憑着這種鐵騎踐踏了中原大片土地。

部將們看着金兵鐵騎橫衝直撞，東奔西跑，一派猖狂無羈的驕橫樣，心裏就窩着一把火；但怎樣才能破他們的鐵塔軍呢？大家都望着岳飛。此時岳飛正在專注地望着敵騎，一聲不響。

楊再興催道：「大帥，快拿出破敵辦法來吧！」

岳飛胸有成竹地笑了笑，說：「你們馬上叫步兵用麻繩將大刀、利斧綑綁在長竹杆上，直接向鐵塔軍衝過去，用長刀砍馬腳，用長斧劈騎士。這樣我們準能一舉擊敗他們！」

「好主意！」楊再興興奮地拍手叫好。

部將們按照岳飛的辦法布置步兵。他們手持長刀長斧，向敵陣衝過去。鐵塔軍因為有拐子馬擋在後頭，無處可退，躲也沒法躲，被岳家軍砍殺得七零八落；拐子馬因為隊形的限制，被砍倒其中一匹馬，其他馬便很難靈活移動，很快被撞倒一片，不一會兒，敵軍已屍體遍地。

敵人死傷慘重，但他們還是不斷地湧來，戰場上只見黃塵滾滾，殺聲震天。岳飛見敵人的大隊兵馬很快就

要到了，事不宜遲，他一拍戰馬，帶了四十名親隨，準備向金兀朮直衝過去。

部將霍堅見主帥親自出陣，怕有什麼閃失，急忙抓住他的韁繩，說：「將軍是朝廷重臣，是千軍萬馬的統帥，一人關係着天下的安危，怎麼能去冒這個險呢！」

岳飛道：「讓開，此時正是鼓舞士氣、奮勇殺敵的時候，我怎麼還能靜靜地坐在馬上？」

霍堅就是不放手，岳飛只得揮起馬鞭猛地一抽他抓着韁繩的手，霍堅稍一縮手，岳飛便縱馬衝進重圍。岳家軍見主帥上來，頓時士氣大增，一起向金兀朮衝去。金兀朮被岳飛的威猛所震懾，不敢迎戰，急忙下令退軍。

不可一世的金軍全線潰逃，鐵塔軍和拐子馬不可戰勝的神話被岳飛徹底打破。金兀朮悲哀地歎道：「自從與宋人開戰，我們都以鐵塔軍和拐子馬取得無數勝利。這一次，我算完全失敗了。」

在宋朝與金軍的戰爭史上，郾城大捷是史無前例的，在中國戰爭史上也是一次著名的以少勝多的戰例。對這次勝利，南宋朝廷特別發下詔書進行嘉獎，詔書上有段話是這樣寫的：「我軍與金兵交戰十五年來，大小戰事不止百萬人次，在平原曠野之上，以一支孤軍獨對十幾萬精銳大軍，取得如此巨大的勝利，還從未有過此事。」

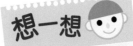

想一想

1. 戰事取得了勝利，朝廷為什麼還要與金
   人和議？

2. 岳飛怎麼擊破不可一世的鐵塔軍？

十一 急傳十二道金牌

當南宋朝廷歡慶勝利的時候，岳家軍的軍探急報：金兀朮已經把十二萬大軍集結在郾城北面的潁昌境內。岳飛知道，金兀朮臨死前還要掙扎，最後的決戰就在眼前了。果然，金兀朮不甘失敗，他要**孤注一擲**[①]了。

金兀朮一心想着滅掉南宋，建立大金帝國。但幾次勝利在眼前的時候了，卻被岳飛打得他喘不過氣來。他恨岳飛，又嚥不下這口氣，心想：我是金國的一根擎天柱子，手握百萬大軍，滅了遼國，破了開封，擄了宋主，人人都怕了我，難道我能敗在一位處處受到朝廷牽制，擁兵只有幾萬的岳飛手中嗎？金兀朮決定與岳飛決一死戰。

岳飛接到軍情急報，臉帶笑容説：「金賊來得正是時候，我要把他們全部殲滅，讓中原的老百姓自此過上安定生活。」這時，朝廷派來欽差大臣，向岳飛宣讀旨諭，要岳飛迅速撤退，以免被金兵消滅。岳飛説：「請轉告皇上，我有把握擊敗金兵。」

[①] **孤注一擲**：比喻危急時刻拿出所有力量進行最後一次冒險。

　　岳飛挑選了部分士兵每日向金兵挑戰，金兀朮被惹怒了，便向岳飛下戰書。命令龍虎大王、蓋天大王，列好陣勢。岳飛看機會已到，命令長子岳雲先行出戰。

　　岳雲接受命令後，立即帶着八百名騎兵，打開城門，像一陣風衝進敵陣，揮舞着鐵錘，很快便殺死了很多敵人，差一點把龍虎大王的腦袋也砍下來。

　　金兀朮見岳雲這樣厲害，不敢輕敵，照例放出鐵塔軍和拐子馬。誰知，岳雲可不是好對付的，他毫不害怕，精神抖擻，越戰越勇，身上傷了好幾處，他也堅持不退。

　　岳飛見岳雲負傷，便立即放出藤牌軍，衝到敵陣前。只見岳家軍左手拿着藤牌掩護自己的身體，右手拿着麻絮刀，蹲着身子，向着敵人的馬腿猛砍。一匹馬受傷倒地，另外兩匹馬便被絆住，要進進不了，要退無法退。岳家軍的奮勇作戰，金兀朮的一萬五千騎拐子馬死的死，傷的傷。岳雲乘機殺出重圍。岳飛提着他的丈八長矛，帶頭衝鋒，打得金兵望風而逃。

　　戰鬥結束後清點戰果，這一仗真是成績巨大，敵兵五千多人被殺，二千多人被俘，金兀朮的女婿、統軍使、金吾衞上將軍夏姓萬夫長被打死，副統軍粘罕索孛菫也受了重傷，抬到開封便死了，另外還捉了金軍大小將領七十八個。

金兀朮面對戰無不勝、無堅不摧的岳家軍，徹底認輸了，他悲歎：「自從我起兵北方以來，從未遇到過這樣的慘敗。」金人也從這次失敗中知道了岳飛指揮的隊伍非同尋常，驚悸萬分地說：「**撼山易，撼岳家軍難①！**」

郾城和穎昌兩次戰鬥的巨大勝利，給河南、河北的忠義民兵極大的鼓舞，他們紛紛起來，掀起聲勢浩大的抗金鬥爭，殺敵官兵，攻打城池，從四面八方向岳家軍靠攏，形成了一個愛國軍民協同抗金的盛大局面，把金兀朮嚇得縮在開封，不敢出來。而他的十萬兵力也只好駐紮在離開封只有四十五里的朱仙鎮。

現在岳家軍的攻擊目標集中在開封，三路大軍直指開封：一路是張憲，從臨穎方向開來；一路是王貴，從穎昌方向開來；另一路是牛皋，從魯山方向開來。

金軍官兵感到末日來臨，惶惶不可終日。金兀朮龜縮在開封城內，正籌劃着怎樣渡河向北逃回老巢去。

收復開封，指日可待！

岳家軍磨拳擦掌，準備發起攻擊，奪回被金軍佔領了十多年的故都！岳飛更是心潮澎湃，準備在收復開封後，再乘勝追擊，打到敵人巢穴黃龍府去！岳家軍正向朱仙鎮集結，準備發起收復中原最後一戰的關鍵時刻，

---

① **撼山易，撼岳家軍難**：意思是搖動大山容易，搖動岳家軍卻很難。

卻發生了意想不到的事情。

　　清晨，一匹高頭大馬，從杭州宋高宗避暑的龍鳳山上直奔而下，向北方急馳而去。坐在馬上的騎士，高舉着一尺二寸長的大紅金牌，上面寫着：「御前文字，不得入舖[①]」。這牌要每日跑五百里路，用馬來接力傳遞，要求人不得離鞍，馬不得停步，連進店舖稍微休息一下也不准許。

　　持金牌的騎士心急如焚，快馬飛馳而過，所到之處，人們都急忙閃開，大家知道這是皇帝急令的金字牌，沒有緊急情況決不會輕易發牌，特別是現在接二連三地飛馳過一道金牌，兩道金牌，一連十二道金牌，向着同一個方向而去。究竟發生了什麼大事？百姓們都驚異萬分。自古以來，這還是破天荒頭一回啊！

　　十二個騎士，持着在熾烈的陽光照射下閃閃發光的十二道金牌，相繼而去，他們馬不停蹄，過了江南千里沃野，跨過了滾滾長江，沿着運河筆直的古道，向着中原大地飛奔。騎士們只用了五天時間，便走完了從杭州到朱仙鎮

知識門

運河：
這裏指京杭大運河，北起北京，南至杭州。

[①] **御前文字，不得入舖**：意思是這是皇帝的指示，傳送金牌的人不能走進店舖休息。

二千一百多里的路程。

第一個金牌送到了岳飛的手上，他驚愕地望著金牌，還未定過神來，第二道、第三道、第四道……一連十二道金牌接連傳到了岳飛的手上。岳飛看到的都是同一道詔令：

岳飛孤軍，不可久留，立即班師，回朝奏事！

知識門

詔令：
皇帝頒發的命令。

這十六個字，如五雷轟頂、萬箭穿心，岳飛感到肝膽俱碎，心力頓衰，悲愴地向蒼天呼號：「陛下呀，你為什麼要下這樣的亂命？」

為什麼在岳飛即將實現抗金報國願望的時候，宋高宗會下令要岳飛立即停止進攻、班師回朝呢？難道收復中原、奪回故都開封、打敗金兀朮、把被金人擄走的欽宗皇帝接回來不好嗎？

岳飛把所有部將都召來，宣布了皇帝的詔命。渴望著繼續進軍奪取最後勝利的部將們，一聽說要撤走都十分憤怒。他們紛紛發言：

「我們為了國家，打到今天這樣的局面，為什麼要停下？」

「難道我們的仗白打了？這麼多將士犧牲了，他們的血都白流了嗎？」

張憲更是著急，大喊道：「大帥，你不是說，將在

外，君命有所不受嗎？快拿個主意吧！」

「對，別管什麼十二道金牌，只要你一聲令下，我們跟着你打到黃龍府去！」

岳飛理解部將的心情，他自己何嘗不是有這樣的決心和信心，可是思前想後，他痛苦地搖搖頭，説：「一天之內連發十二道金牌，足見君命的嚴厲，誰還能抗旨？我一個人能夠擔當，我可以死，但諸位將軍的前途和性命呢？我們岳家軍這麼多官兵的命運呢？將軍們，班師吧！」

岳飛説出「班師」這兩個字的時候，放聲痛哭，他把壓抑在心頭的憤怒和痛苦都一下子噴發出來，悲憤地説道：「**十年之功，毀於一旦**[①]！」

望着岳飛悲憤交加的神情，將軍們無不痛心疾首，他們像雄獅一樣齊聲大吼：「誓死不撤！」

此時，將軍們並不知道宋高宗心裏想些什麼。如果他們知道皇帝為什麼在岳家軍取得一個勝利接着一個勝利的時候，十萬火急召他們回來的原因，他們會更加如火山一樣爆發出驚天動地的怒氣。

宋高宗下令叫岳飛去抵擋金兵，只想讓岳家軍稍微挫一下金人的氣燄，以免自己成為金人的俘虜，這樣他

[①] **十年之功，毀於一旦**：意思是想不到我十年來的努力，一下子全給毀了。

又可以在跟金人議和時，多一點討價還價的籌碼。但是他害怕，岳飛取得勝利越多，受到的擁戴也就會越多，而岳飛手中的兵權日益增大，使宋高宗更加心驚肉跳。

心煩意躁的宋高宗聯想起這些日子以來的幾件事：為了淮西軍的歸屬問題，岳飛竟敢憤然辭職；他提出立太子，居心何在；派李若虛傳令，他竟敢不聽口諭，擅自進軍。這一切都表明，岳飛不是一個俯首貼耳、唯唯諾諾的人，他不受高官厚祿的籠絡，也不顧個人的得失。這樣的將軍如果掌握更大的兵權，對自己簡直是一個巨大的威脅。

宋高宗更深一層的思考，使他渾身顫慄。他想：如果岳飛獲得全面大勝利，金人徹底失敗，把被他們囚禁的欽宗皇帝送回來，自己的帝位還保得住嗎？不行，不能讓岳飛再打下去。既然派使臣專門傳口諭，他可以不聽，我連發十二道金牌看他敢怎麼樣！

岳家軍的將領們怎麼也不會想到，皇帝的內心這樣兇險和卑鄙。但是不管他們怎樣憤怒，怎樣不滿，終究君令難違。

岳飛把部隊往回撤的時候，朱仙鎮的老百姓拉住岳飛的馬頭，哭着請求：「大帥留下吧，我們和岳家軍生死與共，大帥一旦撤兵，金人又會回來，我們又會遭殃。」

郾城的父老鄉親聞訊也趕來了，他們團團圍住岳

飛，説：「我們遭受凌辱十五年了，指望你們來了便可免受亡國之苦，如今大功即將告成，你們為什麼要班師回朝呢？」

大家哭了，岳飛也哭了。他把皇帝的詔書擺在燭台前，痛哭流涕：「我的根在中原，為了收復中原，我岳飛不怕粉身碎骨，但我是朝廷大臣，君命難違呀！」

鄉親們説：「大帥，你們走了，我們只能等金人來殺了。」

岳飛説：「不願意留在這裏的，可以跟隨岳家軍一起撤到鄂州去。我們在郾城停留五天，保護你們轉移。」

郾城、臨潁、潁昌、朱仙鎮等一帶的老百姓決定跟隨岳飛撤退，於是，大家一邊哭着，一邊離開了家鄉。岳飛看着百姓們都撤走了，也準備好自己回朝了。離別時他登上了郾城的城樓，抬頭遠望着生他養他的中原大地，心潮澎湃，百感交集，彷彿心都要碎了。

想一想

1. 正當岳飛乘勝追擊時，皇帝為什麼向他連發十二道金牌？

2. 是什麼原因讓岳飛最終決定班師回朝？

十二 被迫革職返鄉

公元1141年1月，金兀朮在郾城慘敗之後，為了挽回面子，他又從淮西路再次進犯。淮西路是張俊的防區。金兀朮知道，張俊是貪生怕死、膽小可欺的將軍，便選擇他作為反撲的一個突破口。

金兵向張俊防區進犯，宋高宗知道淮西軍的兵力比敵人多，但他不放心這個膽小怕事的張俊，害怕他一旦守不住會危及自己的統治。於是，他又督促遠在千里之外的岳飛帶兵前去支援。

三十八歲的岳飛領旨帶病出征，但趕到前線時，戰事已經結束。金兵來去匆匆，不敢戀戰。有着優勢兵力的張俊，在大將劉錡的支援下，取得了柘皋（今安徽巢湖市西北）之戰的勝利。

到了這一年的四月，當朝宰相秦檜在西湖高大華麗的遊船上，舉行盛大的宴會，宴請的是朝廷中鼎鼎有名的三位大將韓世忠、岳飛和張俊，說是要為剛剛結束的柘皋之戰論功行賞。

岳飛接到通知，很納悶：柘皋之戰最多只能說是跟敵人打了個平手，朝廷這樣大事張揚，還要大擺筵席來

慶賀，究竟是為了什麼？

　　酒過三巡，秦檜突然站了起來，大聲宣布：「在下奉旨宣讀陛下三道詔令：授張俊、韓世忠為樞密使，岳飛為樞密副使，三將原來所統之兵，一律交由朝廷指揮。」

　　大家聽了十分愕然，不知這消息為什麼會來得這樣突然。

　　岳飛很快意識到，今天這酒席是秦檜在玩「杯酒釋[①]兵權」的把戲。表面上看，三位武將從原來一路軍隊的統帥，都改任為中央朝廷的最高統帥了，但這只是明裏升官，而暗奪其權。三個人以後都不能直接指揮軍隊了。沒有軍隊指揮權，光有個官職有什麼用呢！

　　岳飛想到這裏，感到無比的憂慮，心中充滿了憤懣和悲涼。

　　秦檜為這個與宋高宗蓄謀已久的大陰謀的得逞不時露出奸笑，他為三員大將祝酒，內心卻在想：這一招終於成功，往後就可以毫無阻力地實現向金人投降的夢想了。原來秦檜在北宋滅亡被金兵俘擄到北方之後，已成為了金朝誘降南宋的使者。

　　當然，三員武將對皇上解除自己的兵權，心態是不一樣的。岳飛和韓世忠憂心如焚，敵人還未消滅，卻先把自己的防禦體系毀了，心裏對皇上的決定十分不滿，

[①] **釋**：放開、放棄。

但又無可奈何，因為聖意不可違抗，只得服從。

張俊則不同，他原本就不想與金人打仗，議和更好，這樣他就可以不用上戰場送死，又可以繼續升官發財，所以他是心甘情願服從，並願意跟秦檜同流合污的。

奪了三個名將的兵權之後，秦檜還不願停手，仍然感到岳飛和韓世忠潛在的威脅，因為他們雖然沒了兵權，但他們威望高，社會影響力大，又與原來的部隊有着千絲萬縷的聯繫，不徹底拆散他們的部隊，不把他們本人整倒，他怎麼能毫無顧忌地實施自己誘降南宋的計謀呢？

他首先向資格最老、與皇帝關係最密切的韓世忠開刀，把他整倒，再整岳飛就容易了。他這樣謀劃着並立即行動。

秦檜把張俊、岳飛召來，要他們到韓世忠的部隊挑剔過錯，並挑撥他們的關係，説：「你們可要小心自衞，韓世忠的官兵可能會反叛。」

岳飛聽出了秦檜的陰險用心。岳飛想：韓世忠為朝廷忠心耿耿，曾經以八千人馬在鎮江的黃天蕩，阻截金兀朮十萬大軍四十八天之久，激戰的時候，韓夫人梁紅玉親自擊鼓助陣，迫使金兀朮敗退。對這樣忠勇的武將，秦檜卻不能容納，還要在將領之間挑撥離間，後果會是什麼呢？想到這裏，便説：「要我背着韓大帥去挑剔他的過錯，我岳飛決不能這樣做。大臣之間都這樣你

揭我的短，我找你的錯，宰相大概也會很反感吧！」

秦檜板起臉孔，瞪着岳飛，心裏更加仇恨岳飛了。

無論個人有什麼意見，朝廷之命還是要服從的。岳飛和張俊去楚州的路上，張俊提出想辦法拆散韓世忠的親衛軍部隊，並把他們調走。

岳飛説：「大帥，這樣做不太合適吧，俗話説：天下的安危都在將領的身上。如今朝廷還需要我們幾個人收復中原，怎麼能互相拆台呢？你想一想，如果將來皇上再叫韓世忠掌握軍隊，我們還有什麼臉面去見他？」

張俊無言以對，心裏想：你岳飛原來也不過是我的部下，現在跟我平起平坐了就來教訓我，哼，不識抬舉！

到了楚州，在巡視楚州城時，張俊又指指點點地批評城牆不夠高，城壕不夠深，全部要重建。

岳飛説：「我們蒙受國家厚恩，應當一齊努力去收復中原。你要是一心想着後退防守，這樣做怎麼能激勵士兵呢？」

岳飛的話擊中了張俊避戰後退的要害。張俊聽了，立即翻臉。一回到杭州，便完全歪曲岳飛的話，造謠説：「岳飛認為楚州不可以防守，楚州城也不必去修，乾脆放棄，撤退兵馬，退保長江。」

岳飛萬萬沒有想到，自己大義凜然的話，竟成了對手迫害自己的一條罪狀。更使岳飛預料不到的是，由於

自己抵制對韓世忠的陷害，而遭到秦檜和張俊等人的更大仇恨，成了他們集中打擊的目標。

就在這時，宋高宗和秦檜正與金人加緊議和，最後金人答應以淮河為界，淮河以北的大片土地，包括岳家軍以鮮血和生命奪回的鄧州、唐州一帶，都被宋高宗送給了金人，每年還要獻上二十五萬兩白銀、二十五萬匹絹。對這樣苛刻的條件，宋高宗和秦檜竟表現出欣喜若狂的神情。

但是，金兀朮還不滿意，不肯簽署和議。他寫信給秦檜，説：「你一天到晚説要議和，可岳飛卻始終不忘收復河北，他還殺了我的女婿，這個仇我一定要報，要想議和成功，你必須先把岳飛殺掉！」

秦檜收到信後，立即跟宋高宗商量，密謀進一步迫害岳飛。

他們首先授意一個叫**万俟卨**[①]的人發難。

岳飛從楚州回來後一直居家賦閒，而巡視軍務的事全由張俊包攬了。有一天，岳飛忽然接到一份彈劾他的奏章副本。這個彈劾的人正是万俟卨。

岳飛看了彈劾他的材料，坦然地想：我視功名如糞土，抗金報國之心從未減退，奏章上卻説我「高官厚祿，志得意滿，過去那種建功立業之心已日漸頹喪」；春天支援淮西的事我聞風而動，受命即行，我這裏還有

[①] **万俟卨**：万俟是複姓，万俟卨粵音墨其舌。

皇帝嘉獎我的御札作證，奏章上卻説我「春天救援淮西不及時，貽誤了戰機」；至於談到楚州之行，更有楚州的官兵可以作證，張俊有意造謠，豈能一手遮天！

宋高宗看到万俟卨的奏章後，批示説：「岳飛迎合戰士厭戰之心，當眾説什麼楚州城不可守，城池不必修，這分明是向將士討好，使自己有個體恤士兵的好名聲，像這樣的人我怎麼能夠信賴呢？」

秦檜心領神會，對皇帝説：「應當將岳飛的言論昭告天下。」

岳飛在這種情勢下，心裏清楚：要將自己擠掉、整垮，並不是空穴來風，而是上下串通好了的。他意識到既然自己對國事已無能為力，又不貪戀什麼功名利祿，還留在朝廷幹什麼呢？於是，他上書，請求辭職。

宋高宗和秦檜真是求之不得，立即免去了岳飛樞密副使的職位。

岳飛無意再留在杭州，況且也無事可做了，他便快快不樂地回到了廬山家中。

想一想

1. 秦檜是怎樣的人？

2. 秦檜為什麼要串通皇帝陷害岳飛？

十三 岳飛蒙冤遇害

宋朝的開國皇帝是宋太祖趙匡胤，他當了皇帝之後，曾經立下一個「不殺大臣」的誓言。宋代也就很少殺戮大臣。

秦檜要按金兀朮的要求殺掉岳飛，感到很為難，雖然万俟卨捏造了三條罪狀，但那是不足以服天下的。況且，岳飛不是一般的大臣，他是一個功勞大，名聲大，官位高，威望也高的武臣。秦檜絞盡腦汁，使出了一個毒招。他跟張俊一起密謀要原來在岳飛手下任岳家軍副統制的王俊，提供偽證，説岳飛要謀反。

王俊因為在岳飛部隊裏表現不好，多年沒有升職，便對岳飛心懷不滿。於是按秦檜的指使，寫了一份《告首狀》交給張俊。

張俊接到《告首狀》後立即逮捕了岳飛的愛將張憲。因為《告首狀》裏説岳飛暗中指使張憲將岳家軍拉到襄陽，迫使朝廷給岳飛復官；還説，如果朝廷不給岳飛復官，就要帶着隊伍投奔到金人那邊去。

這一切，岳飛毫不知情。他正在盧山家中，過着温暖和睦的家庭生活。這時，三十八歲的岳飛已經有五個兒

子，一個女兒，兩個孫子，兩個孫女。他沒有官職了，也不用在戰火中拼死拼活，日子過得還是輕鬆愉快的。

1141年10月的一天，朝廷忽然派了一個大臣來傳召岳飛。

岳飛於十月十三日到了杭州，從船上下來，便坐轎前行。到了杭州北關，有人攔住轎，説：「宰相有令，請岳大人到朝堂聽旨。」

轎子到了大理寺停下，岳飛大吃一驚，怎麼把我帶到朝廷審訊和關押囚犯的地方呀。他大聲問：「為什麼來這裏？」

有人説：「這裏不是大人停留的地方，請大人到後面的地方去吧！」

岳飛氣憤地説：「我岳飛為國家效力大半生，出生入死，建立了多少戰功，沒有犯罪，為什麼帶來這裏？」

「請大人對證幾件事。」那些人説，「中丞大人在後面等候你呢。」

岳飛隨着獄吏走到後院，忽然看到在一個牢房裏，關押着岳雲和張憲。岳飛急步走到近前，見他們的脖子上套着木枷，手和腳都戴着鐐銬，身上已是血跡斑斑，慘不忍睹。

他們一見了岳飛便激動不已。

岳雲叫道：「父親！」

知識門

中丞：
全國監察工作的最高執行官。

99

「大帥！」張憲也大聲喊。

獄吏立即呵斥他們：「不許説話！」

岳飛滿腔怒火，他們都是愛國抗金的英雄，為什麼會受此大刑！他對他們大聲説：「我一定為你們**辯誣**①，把事情弄明白！」

獄吏催促：「大人快走吧！」

岳飛來到後院，看見等他的是御史中丞何鑄，這個人不久前曾經附和万俟卨一起彈劾過岳飛。

何鑄嚴厲地質問岳飛：「岳飛，你可有謀反之事，從實招來！」

岳飛一聽到「謀反」二字，氣得臉都漲紅了，他連聲説道：「你説我謀反？你竟敢説我岳飛謀反？來，你看看我岳飛究竟是什麼樣的人？」」

岳飛立即扯開衣襟，脱光衣服，把脊背袒露給何鑄看：「看見了嗎？認識這些字嗎？」

何鑄盯着「精忠報國」四個字，心中一陣顫慄，這是何等赤誠的一個英雄好漢啊！那些字刺得如此深，像刀刻斧鑿一樣。他明白了，岳飛為什麼屢戰屢勝，他不僅是憑着勇敢，而是對國家有一顆忠貞的心啊。他為自己前段時間附和万俟卨彈劾岳飛的事羞愧得無地自容。他走上前，給岳飛披上衣服，説：「下官受理這個案

---

① **辯誣**：為所受冤屈抗辯。

件，是因為我擔負着這個職責。岳大人如果有冤情，下官去轉呈就是了。」

何鑄重新審閱了《告首狀》及其他有關材料，心想：憑這些不值得一駁的東西，怎麼能定岳飛「謀反」的罪名呢？他覺得自己不能一錯再錯，便去找秦檜談自己的看法。

秦檜虎着臉説：「你知道嗎，這是皇上的意思。」

何鑄説：「我並不是為岳飛辯解，只是想，我們北方強大的敵人還沒有消滅，就這樣無緣無故地殺掉一位大將，其後果對穩定軍心和國家安定都是不利的。」

秦檜對何鑄不放心了，把他革了職，並叫万俟卨接替審理岳飛。岳飛在大理寺關押了幾天後，万俟卨又來了，他一副殺氣騰騰的樣子，問：「岳飛，你為什麼要造反？」

岳飛反駁説：「你説我造反，拿出證據來我看看。」

万俟卨拿出一個摺子，説：「這是你的部將王俊寫的《告首狀》，説你派人指使張憲謀反。」

「你説我派人，派了誰？你叫這個人出來對證。」

万俟卨慌了，因為這是捏造出來的，怎麼找得出人證呢。他馬上撒謊：「是岳雲寫的信。」

岳飛追問：「岳雲的信呢？」

万俟卨結結巴巴地説：「被……被張憲燒掉了。」

岳飛大怒，指着他説：「万俟卨，你身為朝廷命官，

執掌國家大法，你難道不知道，審理案子要有證據嗎？」

　　万俟卨心虛，自知拿不出什麼證據，便馬上換了個話題，說：「今年春天支援淮西的事，你按兵不動，貽誤了戰機。這個罪名你是推脫不了的。」

　　岳飛說：「万俟卨，我背一段皇上親筆寫的御札給你聽，你可要聽好，『得知愛卿身患風寒咳喘之疾，猶帶病勉力出征，為國忘身，朝中大臣無人可與卿比，忠義之心，令朕再三嘉歎！』你聽明白了嗎？」

　　万俟卨氣急敗壞地說：「你不要拿陛下來壓人。你還記得嗎，你要放棄楚州城，陛下是怎麼批的嗎？」

　　岳飛義正詞嚴地說：「你們單憑張俊的一面之詞，就能說我主張放棄楚州嗎？事實是，張俊把韓世忠的部隊從楚州撤到江南的鎮江，是他主動放棄楚州，你們怎麼不治他的罪？」

　　万俟卨理屈詞窮，惡狠狠地說：「總之，憑哪一條，你都是死罪！」

　　岳飛終於明白，跟這些人是沒有道理可講的，他仰天大叫：「我如今落在國賊秦檜之手，所有愛國、忠心都成了犯罪，你們串通一氣陷害忠良，一定要將我誣陷、冤枉到死，我到了陰曹地府也不會放過你們！」

　　「岳飛被逮捕了！」這個消息一傳十，十傳百，轟動了杭州城，很快就傳遍了各地。

「秦檜陷害忠良！」

「趕快釋放岳飛！」

朝野官民都為營救岳飛奔走相告。

教書先生寫信給皇上，說這是秦檜等人製造的大冤案；

齊安郡王，當面跟執政大臣說，願以百口之家保釋岳飛；

曾經參與審理岳飛案件的執法大臣，也抗拒秦檜的壓力，力圖保全岳飛的性命；

連大理寺的一些官員也反對判處岳飛死刑，認為最多只能關押兩年；

已經被革掉樞密使職務的主戰老將韓世忠忍無可忍了，他不顧自己的安危直接找到秦檜責問：「你們口口聲聲說岳飛謀反，究竟有什麼證據？」

秦檜含含糊糊地說：「岳飛兒子岳雲給張憲的書信，雖然不太清楚，但這種事情──莫須有！」

「莫須有？」韓世忠嚴正地說，「什麼叫『莫須有』？猜測『大概有』、『恐怕有』，怎能定岳飛的罪？又怎能服天下的人心呢？」

到處都是反對迫害岳飛的聲討聲，秦檜感到恐懼萬分。但他想到有皇上的支持，而金兀朮的壓力又那麼大，現在已經到了這樣的地步，一不做二不休，殺，大家又奈我何！不能等了，以免夜長夢多。

　　岳飛在潮濕的牢房裏度過了兩個多月,魁偉的身軀已經被折磨得非常消瘦了。

　　這一天,他扶着牢房的木柵,仰首歎道:「母親啊,你的兒子愧對你啊!中原的父老鄉親啊,岳飛愧對你們,沒能把你們從異族的鐵蹄下解救出來!」

　　夜幕降臨了,牢房一片漆黑。到了二更天的時候,突然傳來一陣雜亂的腳步聲,火光閃爍處,牢門打開了,万俟卨帶着一羣手持刀劍的衞卒闖了進來。

　　万俟卨厲聲說:「有旨,岳飛賜死!張憲、岳雲處斬!」

　　岳飛早料到有這一天。他坦然地站起,像一株挺立的勁松。

　　「岳飛,」万俟卨獰笑着,說,「你還有什麼話要交代嗎?」

　　「紙筆伺候。」岳飛沉靜地說。

　　獄卒把紙筆捧了過來。岳飛握筆展開紙,揮筆寫了八個大字:

　　天日昭昭[①]!天日昭昭!

　　這是宋高宗紹興十一年十二月二十九日(公元1142年1月28日)。

　　一個經歷過大大小小百多次戰鬥,卻沒有打過一

[①] **昭昭**:明亮的意思。

次敗仗的常勝將軍；一個把自己的生死置之度外，卻為千萬百姓的安全浴血奮戰多年的愛國英雄；一個在國難當頭而身居要職，卻不為私利，不貪贓枉法，治軍嚴明的大官；一個不斷學習，進取心強，獎罰分明，戰法靈活，年輕有為的高級將領──被莫須有的罪名殺害了！

　　岳飛死後，全家被抄。五個孩子中，除了岳霖被人收養之外，其他幾個或者被充軍到嶺南，或者逃避到了湖南、廣東。岳飛的下屬也被株連，罷官的罷官，處死的處死。直到宋高宗退位，宋孝宗為了鞏固自己的地位，鼓舞士氣，平復民憤，才追復岳飛的官職，於嘉定十四年（公元1221年）將他的遺骸依照禮節葬於杭州棲霞嶺下的西湖邊，蓋了一座宏偉的「岳王廟」。正殿安放着一座高4.54米的岳飛坐像，他頭戴紅纓帥盔，身披金甲紫袍，左手按劍，右手握拳，目光炯炯，直視遠方，氣宇軒昂，英氣逼人。塑像的上方，高懸着仿岳飛親筆書寫的「還我河山」巨匾。

　　過了大殿，拾級而上，在青松翠柏之下是一座高聳的墳，白玉石的墓碑題寫着「宋岳鄂王墓」。「鄂王」，是後來對岳飛追贈的封號。墓道兩旁排列着石翁仲，象徵生前儀表。在岳飛墓的

知識門

翁仲：

秦朝人，姓阮名翁仲。奉秦始皇之命，抗擊匈奴。死後，秦始皇為他鑄銅像作為紀念。後來人們便將立於宮闕廟堂和陵墓前的銅、石像統稱為「翁仲」，若是石質的便叫「石翁仲」。

左邊是岳飛的長子岳雲墓，墓碑上刻着「宋繼忠侯岳雲墓」。

墓前兩側的鐵柵欄內，跪着反剪雙手的秦檜、秦檜妻子王氏、万俟卨、張俊四個鐵像。由於憤怒的遊人頻頻推擊，以致鐵頭落地，至今已重鑄了九次。

自從岳飛埋骨在西湖以後，到這裏憑弔的人年年月月絡繹不絕，人們以各種方式，表達對英雄的無限敬仰和愛戴，傾洩對賣國奸賊的無比憤恨，正如岳飛墓旁的兩幅對聯所寫的那樣：

一

正邪自古同冰炭

毀譽於今判偽真

二

青山有幸埋忠骨

白鐵無辜鑄佞臣[①]

想一想

1. 秦檜為什麼要害死岳飛？

2. 岳飛臨死前寫的八個大字代表他怎樣的思想？

[①] 佞臣：慣於用花言巧語諂媚人的奸臣。

岳飛生平大事年表

公元	年齡	事　件
1103年	/	岳飛出生於河南省湯陰縣永和鄉。
1118年	15歲	岳飛娶劉氏。
1119年	16歲	岳雲出生。
1122年	19歲	岳飛應募從軍。任「敢戰士」小隊長，初顯軍事才能。
1126年	23歲	岳飛破金兵於滑州，升任秉義郎。
1127年	24歲	岳飛以五百騎大敗金兵，升為統制。
1129年	26歲	岳飛帶領岳家軍收復建康。
1133年	30歲	宋高宗召見岳飛。

公元	年齡	事 件
1134年	31歲	岳飛收復襄陽六郡，宋高宗賜御札表彰。作《滿江紅》。
1136年	33歲	岳飛北伐中原，大勝。升為太尉。
1137年	34歲	岳飛第三次北伐，與宋高宗矛盾加深。
1139-1140年	36-37歲	岳飛重創金兀朮，大破鐵塔軍，大敗金兵，直抵朱仙鎮。
1142年	39歲	岳飛遭秦檜以「莫須有」罪名誣陷，被賜死。

重文輕武的宋朝

還記得南宋軍隊在抵抗金人時常被打得落花流水嗎？但你對這個情況感到奇怪嗎？明明唐朝時，中國被視為強大國家，四方外族都對中國既敬且畏，怎麼來到宋朝就變了模樣？原來，宋朝軍隊積弱要從北宋時的立國政策說起……

北宋立國君主宋太祖趙匡胤當初因為手握重兵，成功奪取政權，建立北宋。因此，他深深明白到兵權過大的負面影響。因此，宋太祖非常注重削弱兵權，令將領不可以擁兵坐大。

於是，重文輕武成為北宋的建國政策，延續整個宋朝。還記得故事中提到宋高宗和秦檜利用「杯酒釋兵權」的伎倆來削弱岳飛的兵權嗎？原來這個方法早在宋太祖時已用過。宋太祖為了避免黃袍加身的歷史重演，便透過一次酒宴向將領威逼利誘，暗示要他們交出兵權。

除了要將領交出兵權，宋太祖更起用文官出掌軍隊，擔任邊境將領和行軍主帥等軍事要職。試想想，文官不熟悉行軍打仗的技巧，亦缺乏前線的實戰經驗，他們又如何能夠帶領一眾將士上陣殺敵？因此，宋朝的軍隊漸漸變為一盤散沙，嚴重積弱。

　　秦檜處處針對岳飛，又聯同宋高宗削弱岳飛的兵權，更給岳飛加上「莫須有」罪名。如果你是岳飛，有機會給秦檜寫一封信，你會對秦檜説什麼呢？試寫寫看。